★本书是安徽省教育厅人文社科重点项目“基于绩效评价创新视角的安徽基层公务员约束与激励研究”（SK2017A1009）、安徽省教育厅重大教学研究项目“基于大数据的高职教育质量控制与创新”（2016jyxm0228）阶段性成果。

程淑琴　倪东辉　著

阳光下的隐私

——国家公职人员信息公开与隐私保护

国家行政学院出版社

图书在版编目(CIP)数据

阳光下的隐私 ：国家公职人员信息公开与隐私保护/程淑琴，倪东辉著 .—北京：国家行政学院出版社，2017.3

ISBN 978-7-5150-1901-7

Ⅰ.①阳… Ⅱ.①程… ②倪… Ⅲ.①国家机关工作人员－信息公开－关系－隐私权－研究－中国 Ⅳ.①D630.3 ②D922.74

中国版本图书馆 CIP 数据核字(2017)第 051392 号

书　　名	阳光下的隐私 ——国家公职人员信息公开与隐私保护
著　　者	程淑琴　倪东辉
责任编辑	吴蔚然
出版发行	国家行政学院出版社 (北京市海淀区长春桥路 6 号　100089) (010)68920640　68929037 http://cbs.nsa.gov.cn
编 辑 部	(010)68928764
经　　销	新华书店
印　　刷	北京九州迅驰传媒文化有限公司
版　　次	2017 年 3 月北京第 1 版
印　　次	2017 年 3 月北京第 1 次印刷
开　　本	787 毫米×1092 毫米　16 开
印　　张	12
字　　数	196 千字
书　　号	ISBN 978-7-5150-1901-7
定　　价	36.00 元

序

习近平总书记在哲学社会科学工作座谈会上强调："坚持和发展中国特色社会主义，哲学社会科学具有不可替代的重要地位，哲学社会科学工作者具有不可替代的重要作用。"总书记的重要讲话，深刻阐述了哲学社会科学的历史地位和时代价值，是新形势下繁荣发展我国哲学社会科学事业的纲领性文献。作为干部教育培训的主阵地主渠道，我院深入学习贯彻总书记重要讲话精神，深刻把握新形势下我国哲学社会科学的地位与任务，努力把研究、思想、水准提升到新的水平，坚持不忘初心、不辱使命。

倪东辉教授、程淑琴副教授合著的《阳光下的隐私——国家公职人员信息公开与隐私保护》，贯彻了习近平总书记在哲学社会科学工作座谈会上的重要讲话精神。习近平总书记指出："观察当代中国哲学社会科学，需要一个宽广的视角，需要放到世界和我国发展大历史中去看。人类社会每一次重大跃进，人类文明每一次发展，都离不开哲学社会科学的知识变革和思想先导。"本书对国家公职人员隐私与信息公开等问题的系统分析研究，有利于培养"信念坚定、为民服务、勤政务实、敢于担当、清正廉洁"的国家公职人员队伍，新技术的阐释也有助于推进国家治理体系和治理能力现代化。

对于国家公职人员的隐私，特别是最近争议较多的财产信息，本书探讨了公职人员隐私权的属性，论证了建立廉洁、高效的服务型政府与加强国家公职人员的涉公权力监督的关系。提出在尊重公职人员隐私权的基础上，合法限制公职人员公民隐私权的边界，形成特定公民权利扣减，而公职人员的权益合理扣减是整个国家和社会支付的最小成本的观点。引导人们正确认识公民知情权、监督权与公职人员隐私权之间的关系，并在公职人员隐私权的限制及保护之间寻找出一个多方均能接受的平衡点，以实现公共利益与公职人员个人利益的双赢。

本书还探讨了大数据新技术运用到其他社会管理事务中的可能性，展望了大数据技术在国家管理创新中的潜力，尤其在公职人员管理中大数据技术的应用前景。运用大数据技术，通过分类归纳、分析融合处理，可以实现目标人群的精准信息判断。将大数据技术应用到公职人员的管理中，公职人员的财产信息、工作绩效等监管就可以精准描述，甚至公职人员考核、政府绩效评估等工作都可以转变为智能化、定量化为主的智能分析。同时，本书也表现出对新技术的审慎态度，提出有必要出台法律法规进行规范。

全书以通俗易懂的笔法，点面结合、以点带面，聚焦隐私这一热点问题，精选有关典型案例，具有较强的实践性、拓展性和前瞻性。本书的出版，是我院教学研究的一项成果，有助于干部教育培训，也有助于党员领导干部个人在当前正在开展的“两学一做”学习教育中加强自我教育、树立规则意识，是推动党内教育从“关键少数”向广大党员拓展、从集中性教育向经常性教育延伸的有益借鉴。

安徽省行政学院党委书记、常务副院长

二〇一六年七月

目 录

第 1 章　人类社会的生存与发展

第 2 章　隐私何处躲藏

第 3 章　言论自由和隐私权的冲突与平衡

第 4 章　国家公职人员隐私的限度和伦理

第 5 章　国家公职人员财产信息公开与隐私保护

第 6 章　大数据与公职人员管理创新

第1章

人类社会的生存与发展

身处复杂的时代和社会背景之下去观察和思考社会问题，往往因为身处其中或受到外部复杂变量因子影响，以及人们对事物的认识会受到认知水平、工具和方法的限制，从而常常被假象和情绪所迷惑。唯有拉长观察的时空距离和不断调整思考问题的角度，方能系统理性判断事物的本源和特征。当我们选取带有偏见的立场和偏好的假设去寻找佐证时，看似合理的逻辑与客观的结论都将蒙蔽我们的理性，并偏离社会整体利益的最佳战略选择。无论是政府管理还是国家治理都是相当复杂的系统工程，一个国家的国民对政府管理和国家治理系统中的各环节都能以理性和积极的态度审视其中的矛盾和冲突，将有利于国家管理理念和操作层面的深刻变化，形成理想、现实与利益平衡的良性格局。

换个角度观察世界的发展

英国博物学家、进化论的奠基人查尔斯·罗伯特·达尔文乘坐贝格尔号舰做了历时 5 年的环球航行，经过对动植物和地理等方面进行的大量观察后出版了《物种起源》。在这部著作中他提出了惊世骇俗的生物进化论学说，从此摧毁了长期固化在人们头脑中的神造论以及物种不变论。达尔文的“进化论”对人类认识世界起到了巨大的作用，被列为19世纪科学的三大发现之一（其他两个是细胞学说、能量守恒转化定律）。他的“物竞天择、适者生存”理论也让人类感觉到从未有过的自豪，人类不再是芸芸众生中普通的一员，而是从大自然里竞争出来的杰出物种。人是统治世界的最高级生灵，人在自然界是无敌的物种。年轻的时候，笔者一直认为人类是无敌的，经常找出人类至高无上的证据。比如，人类可以不长太多的体毛，动物则需要厚厚的体毛御寒。这是因为人类有无敌的衣服，从各式单衣到各样棉衣，人类进入太空还有太空服，要适应什么外部环境就有什么衣服！人类有如此高的科技水平，今后火星都能上去，还有什么动物有这般能耐！有一次，笔者看到网络上的一则信息《唯一能生存于太空的生物——水熊》，这篇文章讲的是一种叫作水熊或称水熊虫（Water Bear）的行动缓慢、体型非常微小的无脊椎缓步动物。科学家惊奇地发现这种小型动物可以在太空中生存，是迄今地球上发现的第一种能够存活于真空、强辐射等太空苛刻环境下的动物。这种小生命分布很广，从极地的冰雪到六千米以上的巍峨山脉或四千米以下的深海都可以找到它们的踪影。这种来自远古的小生命让我不禁愕然。在这个世界上，看似弱小的许多生命，比如细菌、病毒，它们都来自远古，虽然在它们的生命历程中，不断有强悍的、复杂的高等级生物出现，但那些能够一度统治世界的生物却很快消亡了，而看似简单古老的生物在这个世界上依然延续着它们的传奇。如此来说，谁才是世界的强者，“物竞天择、适者生存”产生的高级生物是真正的大自然的强者吗？

下面让我们来看看当今世界的最强者——人类。看起来人类的科技发展可以征服世界，但是仔细想想，人类是多么弱小和脆弱。2016年年初，突然的降温使世界多地出现大面积病患，一些人甚至被冻死，其实当时温度才降了十度左右。在非洲，埃博拉疫情还没有完全结束，美洲就出现了一种虫媒病毒寨卡病毒（Zika Virus）。自2014年2月，智利在复活节岛发现和确诊了寨卡病毒感染的首位病例后，截至2016年5月，就有70多个国家和地区有疫情报道，且疫情大有蔓延全球之势。2016年5月，美国疾病预防与控制中心在宾夕法尼亚州发现了一种大肠杆菌变种，这种细菌具有极强的耐药性，全球现有的任何一种抗生素对这种细菌都束手无策，一旦被该细菌感染致死率超过 50%。细菌之所以能形成这种耐药性，就是因为人类为了抗击细菌而大量使用抗生素。

当人们热衷谈论城市里剩女、大龄未婚青年的问题时，笔者不禁会问，现在的年轻人怎么不会谈恋爱呢？是家庭教育出问题了？看看各个国家的出生率，好像出生率与这个国家的发展水平呈现反比。越是发达国家，人口的出生率就越低，这是为什么呢？人类的繁衍是不是随着人类社会的进步出现了天花板，一个伟大的物种怎么连自我繁衍都可能出问题呢？再看看其他生物，单核细胞生物的繁衍，经过自身分裂，瞬间一个鲜活的生命就出现了。孢子植物和真菌生物的繁衍是利用无以计数的孢子进行生殖，无数孢子才能直接发育成新的生命个体。反思一下人类的繁衍史，大多都是媒妁之言明媒正娶，一个家庭就成立了。到了现代社会，信息发达了，从信息传播的角度看，男女的交往信息和机会比以前任何一个时期都应该便捷，但问题恰恰就来了。现在的婚恋需要看颜值、比较家庭、看工作、找感觉，一系列因素一比较就出现了“选择性陷阱”，人们反而不知道应该选择什么样的伴侣。就算结婚了，生孩子也不像过去那样水到渠成。一个家庭生育子女要考虑经济因素、抚养条件、学区房、工作矛盾等，以至于我国全面放开二孩生育政策后，真正实现二孩的家庭并没有爆炸式增长。如今，人类连自己的繁衍都可能有问题，人类主宰自然界又从何谈起？

不仅人类个体显得如此脆弱，整个人类社会也是危机不断。除了军事冲突、经济危机，人类社会系统中任何一个微小的结构发生崩溃和失调都可能导致整体社会秩序偏离稳态的轨道，从而对国家、社会和公共安全构成严重的威胁，引发国家和社会的危机。尤其在当前，我国正处在社会转型时期，易引发社会危机的因素众多，潜在社会危机爆发的可能性也就更大。当年，美国航天飞机“挑战者号”仅仅因为一个小小的密封圈缺陷，在发射升空后不久发生爆炸。这种现象也说明，精密复杂的系统其安全性和可靠性都可能因为一个小小的瑕疵而崩溃。人类社会系统同样如此，社会发展程度越高分工越细，就越需要不同部门和阶层更加高效地协同合作。而社会各系统在运行中难免出现信息传递、利益纠葛和价值取向的异化，这就意味着复杂的人类社会系统聚集的偶发和系统性风险更多。从历史上看中国社会各个朝代的发展历程，从建立到出现危机直至灭亡周而复始，就算期间出现开明的君王或力主革新的大臣推进国家改革以图王朝中兴，似乎也难以避免历史发展的规律。当今中国，在中国共产党的领导下，大力推进改革开放，国家综合实力显著提升，人民生活物质文化富足，社会民主法制日益完善，但其他国家发展过程中经历的腐败、利益分配、民族、社会阶层分裂、价值体系重构等问题同样可能成为我国社会危机潜在的导火索。虽然，我国党和政府采取预警监测、危机处置各种措施，也难以确保绝对不发生重大突发事件和公共危机。社会危机在其他国家的状况比我国尤甚，如欧洲的移民问题、英国的脱欧，美国的民粹主义倾向、种族矛盾，还有恐怖主义的威胁等，种种问题和矛盾在有些国家已经发展到了非常严重的地步。现在，世界各国都在努力采取措施，防范可能发生的社会危机。为此，各国投入大量的人力物力对潜在的社会危机进行预警预防，建立社会危机预警处置的法律体系和社会危机预警信息处置系统，遏制社会分裂、消除种族危机，把遏制突发的社会危机作为公共政策选择的重要维度。然而，大量的人力物力投入又会极大消耗社会财富，为维护社会秩序而实施的法律和管制措施也会激发人们的不满，导致出现新的危机源。综上所述，不难发现，人类无论在个体的生存维度还是整体的社会发展维度，都将面临一系列的问题。

社会的组织化生存

转换一个审视的角度，无比强悍的人类就成了瓷娃娃，这个好像和人类社会的一般意识不匹配，但事实就是如此。有人可能提出来，现实中人类就是在统治着这个世界呀！那又怎么解释呢？笔者认为，人类不断进化的过程也是不断弱化的过程。从人类在生理上，肢体能力弱化，不再是一个彪悍的物种；环境适应能力弱化，抵御疾病能力下降。在这个过程中，人类为了生存开始从两个层面壮大自己。一方面，人类不断增加自己的“外挂”和技能。比如，人类捕猎能力弱化，就开始使用石头和棍棒，到了现代，各种工具和科技不断补偿人类弱化的环境适应性，人类甚至通过大数据、云计算、人工智能来帮助自己驾驭复杂的世界。另一方面，人类对自身的社会结构进行提升，不断进行分工细化，不断进行社会组织形态的演进和优化。从小的群落到大的部落、松散的群落到结构复杂的国家，优化的人类社会组织形态弥补了人类的个体弱化，同时也创造了人类社会的文明与繁荣。

按照马克思学说，社会形态是一定生产力基础上的经济基础和与之相适应的特定上层建筑的统一，社会形态还是一个社会的政治结构、经济结构、文化结构的统一体；社会形态具有具体的历史性和时代性。每一个社会形态都有其具体的特殊的内在本质，即人类社会发展的特定阶段。马克思主义学说还将人类社会的形态分成原始社会、奴隶社会、封建社会、资本主义社会、社会主义和共产主义社会几个特定形态，历史唯物主义也是人类反思自身发展的一个具有里程碑意义的学说。当然，如果没有认识到马克思学说的社会形态划分是针对欧洲这个小范围区域进行研究和结论推导的事实，简单推而广之就可能引来争议。对于社会形态在中国社会发展中的划分争议很多，过去说封建社会是谁推翻的，最起码是辛亥革命推翻的，而有些人说是秦始皇推翻的封建社会，因为中国标准意义上的封建社会存在于周朝。笔者不是历史学家，也不是哲学家，没有能力评价其中的对错，不过从学界的各类文章表述中可以看出，许多学者对人类社会的发展阶段的表述存在较大差异。有些学者从生产关系角度阐释社会的划分，有些学者从生产力角度思考社会的演进，更多的学者是从权力构成和政治形态的角度分析和划分社会形态。

以上对人类社会发展的观点虽和传统的划分方法有所区别，谁对谁错笔者不感兴趣，那些只不过是源于不同的研究角度和研究范围。需要指出的是，在《中国共产党党章》中的阐述是反对“封建主义”而不是“封建社会”，《党章》中的“封建主义”是一个广义的概念，属于意识形态领域的概念，所以就这个问题推导出马克思主义的瑕疵其本身就是狭隘了。笔者感兴趣的是不同角度的研究描述了人类社会组织形态不断复杂化、秩序化的过程，也就是笔者所说的人类社会的进步必然伴生组织化程度越来越高。人类社会从原始的无组织状态向有组织状态高等级社会发展，都是在不断地弥补自身弱化的生存能力，通过组织化程度的细化、系统化和优化实现人类自身不断发展和进步的。也许人类和动物最主要的区别不在于能否使用工具，而是在于能否建立复杂而系统的社会组织，进而弥补自身的弱化趋势，而且这种社会组织形态能够不断进化优化，这也是人类之所以能够不断生存发展，征服自然界的最主要原因。

在笔者看来，人类社会向组织化程度愈来愈高方向的发展是不可逆的，因为人类社会在进化的过程中个体和群体都会越来越弱了，不得不依靠组织化程度的强化和优化维持人类社会的稳定和发展。人类社会组织化的演进过程，许多学者给它分成原始社会、奴隶社会、封建社会等，无论是哪个阶段，都是表现为组织化程度日益紧密，结构日益复杂，社会的系统性更强，其表现出的竞争力、实力也更突出。有一点也许是人类的常识，比如说：一个组织松散部落的战斗力就远不如一个有军事组织的部落的战斗力强；一个组织严密的公司就比众多个体经营者的市场运作能力强；一个管理系统结构严密的国家远比管理松散的国家国际竞争力强。为了建立和维护一个高效的社会组织甚至是一个国家，就需要在人们的价值观层面形成统一的意志，个体对国家、民族、社会、组织、领袖等层面多位一体的认同，方能将松散的个体凝聚成有战斗力的整体。如果在整个社会组织系统环节中存在某一环节的不认同和分歧，都可能成为组织结构崩溃的诱因。一个国家和社会组织稳固的形态结构可能不同，有些是高度集中控制的结构，就像我国古代帝王对整个国家的控制模式。这种模式的优点是整体协同度高，在维系整体运行时强调中心的主导性和战略战术指挥的统一性，但是在面临复杂局面时，信息感知和传递就可能因为时滞和变异导致灵活度下降，从而错失战机和产生系统性偏差。有些组织是去中心化的组织形态，强调个体的灵活机动，在复杂环境下，个体通过无间隔信息感知和反馈保持强大的机动性和适应性，但是在特定问题的解决上难以形成有效的群体性合力。人类社会的组织化程度不仅仅是群体的聚集和高度的向心力，当社会发展到一定程度时更强调组织结构的优化。比如组织内部的分工和外部协作机制的建立，在马云建立的电商帝国中，仅仅搭建一个电商平台是难以支撑的，还需要高效物流体系的辅助，甚至各个办公楼、小区物业的配合。中国制造业的强大不仅仅依赖企业个体的强大，更需要众多配套企业紧密的协同，相关企业的聚集和协同度是其他国家难以匹敌的。

是不是说组织化程度高的社会都是优点，没有缺点呢？其实不然，从组织化程度看，初始阶段的社会形态可能比高级阶段的社会形态的稳定性更好。作为人类从猿类分化出来之后所建立的第一个社会共同体，原始社会从约前 170 万年延续到公元前 21 世纪，这个社会形态延续的时间是没有后来者可以超越的。到目前为止，没有哪个民族没有经历过原始社会。原始社会时人类生产力水平很低，科技也谈不上什么，人类的组织化是基于血缘和简单的社会协作。因为技术的跃进和群体的协同，人类的生产水平提升了，劳动生产率提高了，社会进一步分化，出现了剥削阶级和被剥削阶级，原始社会开始解体。奴隶社会的产生必然使原本简单的社会复杂化，起码奴隶要有人看管、买卖，奴隶主要监督奴隶劳作，部落里的公共事务要有人专门处理，松散的个体劳动，小单位生产逐渐演化出组织形态。人类社会越发展到高级阶段，社会的稳定性需求就应该越高，就像楼盖得越高就需要越坚固的基础结构。反常的是，如果仔细计算就会发现一个颠覆性的现象，那就是看似进步的社会形态却比已经被淘汰的社会形态短命。社会进步了，组织化程度提高了，新的社会形态却更短命了，这是为什么呢？笔者的理解是组织化程度越高，系统越复杂，其不稳定性就越高，也就是风险度越高。看看一个大的公司，如果要维持庞大机构的运行平稳，需要有魅力有魄力的领导层，需要有前瞻性的发展战略，需要良好的制度设计，需要高凝聚力的优秀企业文化，需要精干的管理团队和协同有序的诸多组织部门。而公司规模一旦达到某种程度，内部的各个利益阶层就会形成，彼此间的争权夺利相互排斥就会危及公司自身的安全。况且庞大的机构还需要应对复杂的外部挑战，所以看似巍然屹立的大厦随时面临崩盘。一个公司如此，更大的视野下国家也是如此，整体人类社会也是如此，都面临着越来越大的不确定性风险的挑战。

人类社会为了应对不断增加的社会系统风险，只有建立与之匹配的社会管理系统并配备与之匹配的社会管理队伍。在原始社会，一个大的部落也不需要几个专门从事部落管理的人，部落的日常运转就可以维持。在原始社会的“社会组织化”最初级的形式是家族分工和部落原始的社会组织形态。奴隶社会摆脱了氏族和部落原始级社会组织形态的桎梏，面对更为复杂的社会环境和自然环境，也就开始出现“统治者”“管理者”和“被管理者”的社会分工。人类社会人力资源及其社会资源的组织优化配置是顺应时代的发展逐步形成的，随着社会发展演变出更多的社会事务，则需要更多的人参与到日益复杂的公共事务的管理中。所以就可以理解一个现象，为什么现今国家公职人员总数大幅上升。有些人提出为什么在古代，一个县都没有几个吃皇粮的公差，而为什么现在需要养活这么多的公职人员。答案是现代社会远比古代进步，社会的系统性、复杂性大大超出过去，只有规模与之匹配的公共事务管理系统和公职人员才能保证整个社会的稳定运行。当然，在这个过程中，需要不断提高公职人员素质和能力。

在进化中的人类社会因为人类自身的弱化，不可能离开社会的层级和分工，需要社会的组织化程度更加紧密和优化，以防范不稳定因素形成对现有社会结构和秩序的冲击。是不是可以理解为人类的组织化程度越高社会越稳定呢？有些学者认为是肯定的，理由有二：一是组织起来的社会处于有序状态；二是人类组织化程度越高归属感越强。而笔者恰恰认为以上二者是人类社会不稳定的原因，人类有了组织，其外部冲突的能力就强，可能发动外部冲突的可能就增加。归属感越强，人群区别度增加，人群之间外部冲突的可能性就更大，无论是国家与国家的冲突，还是不同宗教和民族的冲突都体现出这一点。面对一个复杂的社会形态，为了维持其稳定和可持续发展，必须有相应的组织形态进行管理，现代国家的稳定和发展的基础策略就是重视国际协作、国家管理和社会治理。好像近一百多年来，人类社会对如何进行国际协作、国家管理和社会治理倾注了大量的热情，也在梦想着理想社会蓬勃涌现。

以上说了这么多就是想引入一个社会阶层，即国家公职人员，或官吏阶层。在这里要把国家元首、总统、主席、总理、部长等高级官员与普通的国家公职人员分开来看。高级官员是特殊的国家公职人员，而普通的国家公职人员就是一个职业人而已，充其量是令人羡慕的职业人。在历史的长河里，这些人往往被埋没在浩如烟海的历史记忆里。在传统思想的认识中，吃“皇粮”的公职人员工资高，工作环境好，受人尊重，曾经吸引大量的青年投身国考、省考，造就了“公务员热”“事业单位热”的盛景。在当下，普通的国家公职人员往往成为社会苛责的对象，对他们更多的是要求、指责、抱怨。现实很残酷，公职人员好像已经没有太多的光鲜，收入并不高，工作压力大，职业风险高，越来越多的年轻人不再热衷公务员岗位。许多人的观点认为这是正常社会价值的回归，一个国家的优秀人才不应该到公共部门任职，中国的“公务员热”反映出中国深厚的“官本位”文化，是腐朽堕落的文化劣根。有些人提出，在国外优秀的青年会选择到企业就职，在公共部门工作是一般普通平庸青年的选择，一个国家的优秀青年选择到企业任职，这个国家才有希望，优秀的人才就不该从事公职岗位工作。对于以上的现象和观点，笔者并不完全认同。笔者不否认在国外有大量的优秀青年到企业等实体就职，会创造巨大的社会财富，但是因此得出国家公共部门不需要优秀人才，一个国家的优秀青年都到企业任职这个国家才有希望，这样论断的合理性基础不成立。人类社会越是发展，社会系统内外部的问题和挑战就越多，社会管理就会演化出更多的公共岗位以适应这种挑战，公共事务管理的层级越来越多样，管理构架也越复杂。这个复杂的架构需要构成元素——公职人员具备优秀的素质和能力，方能实现满意的社会管理效率和效果，社会向更高水平发展就有了基础。如果构成了国家、社会这个大厦结构支点的国家公职岗位无法吸引到优秀的人才，一定不是整个社会应该庆幸的事情。而且，作为社会关键性支点的公职人员的生存状况、心理波动、权利诉求等，需要全社会的尊重和呵护，因为他们的存在和工作给全社会构建并支撑了一个遮风避雨的社会组织化大厦。

在有些人眼里，一般公职人员的工作状态多是“喝喝茶、看看报、开开会、聊聊天、扯扯皮”，现实情况是什么样子？笔者在多地调研时发现，确实，一些地方和部门广泛存在人浮于事、纪律松弛、效率低下的不良现象，但是在这个群体里“白加黑”“5＋2”“夜总会”的现象普遍存在。各种检查、考核、责任追究给公职人员造成巨大的工作压力，各种辛苦是其他人难以体会的。在调研时一位公务员告诉笔者，平时事务性工作占用很多时间，不停地写材料、转发文件，下乡到基层督查，筹备和参加会议，落实各级会议精神；各种接访及拆迁等难办的事困扰工作的开展；各级各部门的重大活动都要参与；还要认真处理上级领导临时交办的各种事项。就算到了下班时间，上级领导没下班，处长科长办公室的灯就不会关，其他工作人员也就不敢轻易先离开。遇到工作紧的时候，连续多日加班，甚至无法回家，累了就睡在办公室，饿了就方便面应付，家里有事也无暇顾及，这些现象都很常见，而且收入不高，甚至没有加班费。百姓看到有部分公职人员相对轻松，就认定全部公职人员工作安逸，收入高，不会去同情和理解你的忙碌，他们感觉心累，有着诸多的委屈，甚至有些公职人员因此产生厌倦和抵触情绪。近期，屡屡曝出公务员离职的消息也是这种现象的反映。2016 年 3 月，陕西省高级人民法院一个博士法官王磊的辞职引爆微信圈。王磊是陕西省高院仅有的 3 名博士法官中的一名，对于一名就读于名校的法学高才生、高院的博士法官，头顶诸多的光环，事业前途可期，却突然辞职，使人们陷入思考。王磊进入陕西省高院工作 15 年时间，在这期间他努力、奋斗、学习、成长，以能参加审判工作为荣，以践行法律的尊严、实现社会的公正为自己的责任和追求，在这个岗位上挥洒了青春所有的热情，而现在他不得不选择辞职。在王磊的工作中，“5＋2”“白加黑”是一个死刑复核法官的工作轨迹，大量的案卷需要阅读，还有提审、开庭、合议、撰写阅卷笔录、补充材料，与公安机关、检察机关协调，写审理报告，与案件当事人、当事人亲属、律师交流，调解、写判决书、宣判、送达等一系列办案的环节。再加上工作必不可少的各种会议、政治学习等，年轻的王磊不堪重负。而年轻的法官月收入不到 5000 元，这个收入还要支付母亲的医疗费、沉重的房贷、家庭的各种开支。虽然他热爱这份工作，但现在他宁可辞去这份工作。笔者并不认为国家公职人员不能辞职，国家公职人员回归本职也就是一个职业选择。每一个人都有选择自己满意职业的权力，正常的流动并无不妥。但是，面对年轻群体职业价值判断的变化，面对更多的利益理性职业人的选择，努力创造较好的职业环境和福利待遇是今后能够维系优秀公职人员队伍的保证。

笔者掌握的资料表明，许多国家都努力采取措施，吸引优秀的人才进入公共部门。一个集合了国家精英的公共部门才能够提供优秀的公共服务、高明的国家决策和政策制定。比如新华网 2015 年 1 月 20 日发表一篇文章《综述：外国公务员的待遇》，新华社驻英国、挪威、韩国和新加坡记者调查了所在国公务员的待遇，原本这篇文章的立意是论证其他国家公务员没有特别的待遇，但调研的结果恰恰证明了公务员在很多国家是被大多数人向往的职业，其工作稳定、高薪、福利好。虽然，国外的民众常常抱怨政府部门效率低下，公共政策出现错误和偏差，但是社会形成普遍的共识，公共事务管理需要社会精英人才的积极参与，公职人员应享有合法合理的福利待遇和社会尊重。因此，在国外公职人员中有大量毕业于名校的毕业生，而且一般公务员工作有规律，他们习惯于朝九晚五，工作强度适度，而不是“5＋2”“白加黑”，工资水平维持在社会平均收入的中上等，尤其是丰厚的退休金成为吸引精英加入公职队伍的重要原因。有些国家警惕社会精英阶层远离公共事务的现象，在社会价值判断上以积极和包容的态度认同社会精英参与公共事务。总体看，各个国家给予公职人员的待遇在整个社会属于中等偏上的水平，社会的认可度较高，入职要求较高，综合各种因素看，国家给予的条件对优秀人才进入公职人员队伍有一定的吸引力。

审视我国公职人员的态度和角度

我国目前实行的公职人员管理制度，相比国外的公共行政与公共管理理论，中国对公职人员的管理是严格且具有中国行政管理特色的。由中华人民共和国第十届全国人民代表大会常务委员会第十五次会议2005年4月27日通过并于2006年1月1日起施行的《中华人民共和国公务员法》（以下简称《公务员法》）就是一部规范公务员行为准则的法律。《公务员法》第十二条规定公务员应当履行下列义务：模范遵守宪法和法律；按照规定的权限和程序认真履行职责，努力提高工作效率；全心全意为人民服务，接受人民监督；维护国家的安全、荣誉和利益；忠于职守，勤勉尽责，服从和执行上级依法做出的决定和命令；保守国家秘密和工作秘密；遵守纪律，恪守职业道德，模范遵守社会公德；清正廉洁，公道正派；法律规定的其他义务。另外，为了促进国家公职人员尤其是党员领导干部廉洁从政，加强和改进公共部门的工作作风，中共中央和国务院根据社会的发展和党风建设的需要，不断出台新的法律和政策，开展效能建设、整风肃纪反腐倡廉建设等一系列活动。比如2010年2月23日中共中央和国务院印发了《中国共产党党员领导干部廉洁从政若干准则》（以下简称《准则》），《准则》包括总则、廉洁从政行为规范、实施与监督、附则等共18条。其中详细规定了领导干部从政行为八大方面的“禁止”事项，并列出52种“不准”的行为。“八大禁止事项”包括：禁止利用职权和职务上的影响谋取不正当利益；禁止私自从事营利性活动；禁止违反公共财物管理和使用的规定，假公济私、化公为私；禁止违反规定选拔任用干部；禁止利用职权和职务上的影响为亲属及身边工作人员谋取利益；禁止讲排场、比阔气、挥霍公款、铺张浪费；禁止违反规定干预和插手市场经济活动，谋取私利；禁止脱离实际，弄虚作假，损害群众利益和党群干群关系。

我国公职人员管理不仅有明确的规矩可依，更将“为人民服务”“做一名合格的人民公仆”作为中国共产党的根本宗旨，是每位党员干部的为官价值准则。习近平总书记指出：“每个党员干部都要强化为人民服务的意识，提高为人民服务的本领，尽好为人民服务的天职。”就是表明每一位党员干部都要把为人民服务作为至高无上的事，既是使命又是职责担当。作为一个有要实现“两个一百年”奋斗目标和实现“中国梦”、有历史责任感的执政党，中国共产党需要党员干部及全体公职人员主动担当，全心全意为人民服务，以改善民生为己任，关注民生、惠及民生，做合格的人民公仆。从新中国建立以来，涌现出大量为人民鞠躬尽瘁的优秀党员领导干部，如焦裕禄、孔繁森、沈浩等同志，更有中国人民极其爱戴的周恩来总理，这些优秀的国家公职人员、党员领导干部为人民群众福祉、为国家和地方的建设奉献出自己的一切，就算是平凡的岗位也干出了感人的不平凡事业。当今，中国已经崛起在世界民族之林，每一位中国人都应铭记这些为国家和人民做出巨大贡献的优秀中华儿女。

经过“四风”整治、反腐肃纪、巡视督查等一系列活动，目前各地党风、政风有了重大的转变，公职人员作风建设取得了阶段性成果，比如在2016 年抗洪抢险中涌现出很多感人的事迹。但是要看到一些公职人员中还存在一些不良的倾向，甚至有可能在一定的条件下反弹。比如，一些同志宗旨意识日趋消退，做工作形式主义过多；不去认真领会中央精神，习惯于做表面文章，只唯上、不唯实；一些人懒政怠政、工作飘浮现象突出，不愿意挑重担开拓进取。当前需要广大公职人员深刻把握“五位一体”总体布局和“四个全面”战略布局，围绕“十三五”发展规划、决战决胜全面小康、建设“五大发展”的战略目标，深入开展理想信念、党性教育和廉政教育，通过不断学习时政与省情、经济与文化建设、社会治理、依法行政、科学人文素养、公共管理与服务、素质与能力提升等内容，增强“四个意识”、理论素养、党性修养和法治意识。无论国家还是社会的发展都需要以广大公职人员公共服务和解决实际问题的能力为基础，都需要以优秀的公职人员队伍为支撑。广大公职人员与人民群众联系紧密，要始终牢记公职人员的公仆身份，正确对待可以支配的权力。如果不能为群众办实事、解难事，当好人民公仆，甚至在群众面前自以为是、盛气凌人、欺压群众，还以权谋私、损害和侵占群众利益，就会极大地影响政府公信力和事业的发展，将失去人民拥护和支持，党就会失去执政根基。只有认识和发现这些问题及原因，才能够制定出有效的对策，也才能够更好地理解作风建设长效机制的意义。

我国公务员的工作状态和真实的工作境遇和其他国家有所不同，这在公务员制度设计时就有所体现。比如说，我国的公务员不能适用现行的《劳动法》。在《劳动法》第二条第一款规定："在中华人民共和国境内的企业、个体经济组织（以下统称用人单位）和与之形成劳动关系的劳动者，适用本法。"而公务员不是《劳动法》规定的劳动者。公务员属于国家工作人员，在有关劳动关系和人事关系上有特殊的规定，比如公务员的录取、处罚等，适用《公务员法》等法律、条例。从法律的规定看，我国公务员可能就会失去部分社会一般劳动者能够享有的劳动保障。另外，我国的政府职能和其他国家也有所不同，可以说，一般国家是有限责任政府，我国是无限责任政府，政府承担国家方方面面的事务管理，在所有事务管理中承担兜底的义务，反映到国家公职人员工作中常常是无条件承担工作重任，导致我国公职人员的责任、工作量、待遇常常出现严重不匹配的现象。作为各级党委政府也要体会基层公务员工作生活中面临的条件艰苦、情况复杂、矛盾突出等问题，不能遇事就一味问责追责，依纪依法从重处理。如何评价、激励、约束基层公务员是相当复杂的系统工程，健全高效的公务员管理机制，提升公务员队伍整体素质，是世界各国都高度重视的问题。在传统的精神、物质激励效用递减的背景下，部分公职人员出现迷茫和懈怠，认为收入与付出不匹配、责任和权力不对等，因此消极怠工和规避矛盾，这极不利于工作的开展。

当前，出现了新一轮公务员、官员辞职的现象，社会上各界看法莫衷一是。在中共中央组织部、人力资源和社会保障部印发的《公务员辞去公职规定（试行）》中规定，公务员可以辞去公职，但应当依照法定的情形、权限和程序办理。本来公职人员辞职，对于政府和公共管理系统来说，在一定范围是正常的现象，甚至起到“新陈代谢”的积极作用。任何人的职业选择是个人的自由，职业转换和人才流动是每一个人的权利，也是社会发展到一定层次后再正常不过的现象，从古到今官员辞职都屡见不鲜。如果说辞职者是一些碌碌无为的庸者，抱着混日子或追名逐利的不正确心态进入公职岗位，而如今自感管理严了、要求高了、太平官难做了，因而被迫辞职也未必不是好事。尤其在当下，从严治党、重整吏治，那些与“永做人民公仆”职业要求不符的人员离职恰恰是好现象。但人非圣贤，孰能无过，推进国家和社会发展的过程中，公职人员面临的可能是无经验可参照、无全方位信息可判断的困难和风险，这必然伴生出一定的失误，在工作中难免出现过错，如果社会不能给予适当的宽容，表现出一棍子打死的冷漠和苛责，谁还敢在国际国内复杂多变的形势下，自觉推进深化改革、敢打改革的攻坚战？越是处在一个风险社会，公共事务中的复杂性、风险性就越大，这就愈加需要社会营造宽容过错、包容失败的外部环境，给予公职人员改革创新真抓实干以鼓励和支持。

令人担忧的是，如果对公职人员不能任人唯贤，或者因为社会上普遍对公职人员怀有偏见，就简单以成败论英雄，在舆论压力之下，不能给予公职人员合理激励，从而他们在职务晋升、职称评定、评价评优、福利待遇等方面感觉不公，导致“心凉了”“没劲了”，因此决然离职，就可能造成公共部门的损失。个别辞职现象无碍大局，如果大量出现就是所谓“劣币逐良币”现象，留在公职人员队伍中的是大量的庸人，无法承担国家和社会管理的职责，最终损失的是整个国家和社会。也许目前个别公职人员辞职只是个案，还没有迹象表明出现了媒体报道渲染的辞职潮现象。高烧不退的公务员报考热、事业单位招考热反映了公职岗位依然是社会最追崇的职业。就算有少数公职人员辞职，也是国家体制机制改革全面深化的结果，是人员流动良性的反映，不必过于忧虑。而有些人认为公职人员权力巨大，公职绝对是令人向往的职业，满世界的人都想着给他们送东西行贿、请吃饭，他们的日子滋润着呢，还有什么感觉不好的理由呢？且不说以上观点是不是事实，就算是事实，估计绝大多数的公职人员站在大街上举着牌子"请送我东西吧"，也不会有人施舍他们。因为大部分的公职人员有的是事权（干活的权），而没有决定事的权力。在当前中国的社会生活中，公职人员群体由于工作性质、身份、地位等的特殊性，任何一举一动总能引起他人的关注，何况发生的林林总总的腐败、乱作为等违法无序的事情刺激着社会的神经。如果觉得当了公务员就能够迅速"发家致富"那就真的错了，现在年轻公职人员的收入可能连迅速上涨的房价首付都难以支撑。但公职人员的职业优势在于社会地位高、工作和收入较稳定、退休待遇可预期等，尤其在就业困难的大背景下成为年轻人向往的职业就可以理解了。而且，中国社会有着浓郁的"官本位"意识，学而优则仕，个人奋斗脱离贫苦从而光宗耀祖，为官从政无疑是历史上无数家庭和读书人梦寐以求的夙愿，也是打通社会阶层流动的有效渠道。到了现代，这种价值观也未能从根本上改变，从持续多年的"公务员报考热""事业单位招考热"中也可窥见端倪，吃皇粮的公职人员还是社会普遍认同令人向往和热捧的"香饽饽"。社会总是存在矛盾和对立的因素，实现了"吃皇粮梦"的人群在其他人眼里是无比幸福的，也是遭人羡慕嫉妒恨的。

经历了几千年的文明，中国社会种种思想在不断地冲突和博弈着，既有西方的普世价值影响，也有东方的哲学思想底蕴；既有传统的厚重文化传承，又有狭隘偏激的仇视。在这期间，作为社会管理者和社会事务承担者的公职人员经历了各种苛责，社会上发生的各种事情都可能牵扯到公职人员，出现"天价鱼"公职人员要承担责任，来了"雾霾天"公职人员要被问责，倒霉的城管更不用说了，舆论已经把他们妖魔化了。笔者家孩子上小学时就曾发生一个事情，学校里一个男孩子说另外一个男孩："你爸爸是城管"，结果对方怒了，"你全家都是城管！"两个孩子打了起来。所以，现代中国的公职人员的实际生存境遇远非大家想象的那么舒心，因此，出现公职人员甚至是一定级别的官员辞职就不足为奇了。细细审视官员辞职这个一直备受瞩目和争议不断的现象，除了极个别特殊的、有些官员自身的原因外，需要探究辞官的普遍性动因，发现和思考辞官现象背后艰难的官场生态和深层次体制问题，方有助于社会冷静思考中国当前公共部门公职人员在国家和社会管理中的生存状态和重要现实意义。

人们认识事物总应该理性地看待，辩证地分析平衡各种因素寻求最优方案。笔者在认识问题时总喜欢用平衡的观点探讨问题。比如，笔者认为工作和家庭的平衡，妻子、孩子、父母的平衡，家人和朋友的平衡，工作和休闲的平衡。在笔者的生活中，不平衡就可能出问题，当然，任何时段都有可能出现个别事务成为重点。在西方的理论体系中有一个平衡计分卡的理论。哈佛大学 Robert Kaplan 教授与诺朗顿研究院的执行长 David Norton 在 20 世纪 90 年代建立的一种绩效评价体系，推出平衡计分卡的管理方法，意图超越传统以财务量度为主的组织绩效评价模式，以使组织的策略能够更加科学和可持续。平衡计分卡在企业的战略落实方面是从财务、客户、内部运营、学习与成长四个维度开展，并将四个维度作为可操作的衡量指标和目标值，实现企业管理中“战略制导”的可持续绩效管理，确保企业经营战略得到有效的执行。经过实践证明，作为一种新型绩效管理体系，平衡计分卡在现代企业战略执行力管理中不失为一个有效的战略管理工具。而在中国哲学文化元素中，中庸之道被奉为人生处世的大道，事业成功、生活与健康的根本理论。中庸之道指不偏不倚，折中调和的处世态度。《论语·庸也》：“中庸之为德也，其至矣乎。”强调人生不偏离，不极端，中正、平和，天人合一。在中庸之道的修行中，自觉地自我修养、自我完善、自我教育，以实现至善、至仁、至诚、至道、至德、至圣、合外内之道的完美人生。无论是西方现代的平衡积分卡管理思想还是我国传统的中庸之道，都凝练了对世界和人性的认识，对社会的探索，用平衡的思想阐释中庸之道，或用中庸之道探讨现代社会价值的判断都可以拓展一片新的天地。那么，笔者就试图用平衡且中庸的思想来审视当代公职人员隐私的问题，看看能不能解开一个困扰社会的心结。

[illegible]

平衡的思想阐释中庸之道，或用中庸之道探讨现代社会价值的判断[illegible]拓展一片新的天地。[illegible]

第 2 章

隐私何处躲藏

有了互联网以后，世界就变了，世界上每一个有感知的存在都聆听到喧嚣的压力。传统的信息传播在互联网面前仅仅是远古的冷兵器，各种思想、情绪、信息和互联网结合后演变出可怕的杀伤力，人们在爆炸的信息面前一度茫然困惑，惊讶于面前被打开的这扇门，外面世界的精彩令人炫目，颠覆性的历史和资讯涤荡人们的心灵。互联网的世界既精彩又动荡绵绵。有些人一夜“网红”，有些人顷刻间形象崩塌，有些人通过互联网缔造了庞大的商业帝国，有些老牌的跨国公司瞬间香消玉殒，有些国家因此出现颜色革命政权更迭。各种极端的思想和情绪涤荡和颠覆本已经不平静的人类社会。原来不屑一顾或习以为常的事情都可能成为人们关注的热点，比如隐私的问题。

需要重新思考的故事

由于历史文化传统的原因，隐私在中国曾经不是一个问题，很多人不太注意尊重别人的“隐私”或是保护自己的“隐私”，或者说太过于“关心别人”而且并不在意别人“窥探”自己的隐私。之所以说中国人原本并不关注隐私甚至不尊重别人的隐私，表现在我们的生活中常常出现一些大家习以为常的现象，比如两个人见面打招呼：“这两天在干吗?”“你的病好点了吗?”“你爱人在哪儿上班?”要知道这些可是人家个人的“隐私”，不需要你知道的，别人没有义务告诉你。一般人可能觉得这是大惊小怪，我是主动关心你！这就是中国的文化传统，其中蕴含着浓浓的人文关怀。如果一个人什么事情都不愿意和大家分享，就会被认为不合群、不热情、不坦诚。而到了互联网为特征的现代社会，大家在根深蒂固的“农耕文明”时养成的习惯需要改变了。农耕文明对应的社会特点是以家庭和亲缘关系形成的小范围亲朋圈，彼此间的信息公开和共享是彼此合作信赖的基础，甚至通过隐私信息的公开可以获得更多的帮助和利益。而以互联网为特征的现代社会是把你带到一个无法把握的陌生世界，任何隐私信息都可能给你带来不确定的伤害，因此，人们的“隐私观”也在悄然发生变化。在上海、广州这样的大城市，人们较早开始意识到保护自己隐私和尊重别人隐私的重要性和必要性，彼此间不轻易打扰，甚至出现一系列“矫枉过正”的现象，住在一个楼道，甚至彼此对门也长期不相往来，漠不关心，因此，又进入一个极端，出现现代社会的隔绝和冷漠。但是，人们对于别人隐私“偷窥”的心理和现实需求从来就没有泯灭，尤其是对当权者、公共事务管理者这些现代国家的公职人员。这些当权者有没有公权私用、贪赃枉法、奢靡腐败？这是一般民众关注的，当然，这些人的生活轶事、趣闻也吸引公众的眼球。

中国的公职人员从古代就没有公开自己隐私信息的习惯和传统，官员更加强调的是自省、自律、修身，从道德上让自己无愧于职责和皇权的信赖，把自己当作百姓的“父母官”，对百姓要鞠躬尽瘁，问心无愧，但不习惯自己的事情接受百姓监督。而开放的世界，将世界上其他国家的文化和价值取向源源不断地传到中国，中国人发现其他国家的公职人员在很多年前就公开自己的信息，而且还有法律约束公职人员必须公开自己的隐私。这个发现就像捅破了一扇窗户。近十年来，不断有学者、民众夹杂着各种目的和心态呼吁和要求公职人员公开财产、公开隐私，渐渐形成了强大的舆论压力。其实这个问题并不简单，如果绝不公开显然不符合社会经济的价值发展趋向，无条件公开也不符合中国源远流长的历史文化传统。

近年来，常常在网络上看到公职人员晒房产，晒收入，这些公职人员表达的目的是让大家看看自己收入如此之低、生活艰辛。有些网民表示理解，但更多的人认为是“富人哭穷”，引发一些人的口诛笔伐。尤其那些曾经高调哭穷的官员落马之后，曝光的巨额财富令人愕然，那些之前他们哭穷的种种说辞充斥着浓浓的反讽，加剧了民众的不信任。虽然极大的反差只存在于少数官员，但对公职人员的整体信誉造成了极大的伤害。公职人员真实的收入状况是什么样？应该客观地说，不能简单给出一个笼统的答案。首先，我国公职人员的薪金收入是按照职级支付的，有相当级别的公职人员与周围的人群比较，收入应该不属于低收入。对于级别不高，工作时间不长，又面临买房、生养子女、赡养老人的年轻公职人员来说，他们的生活压力巨大，收入可能出现入不敷出。当然，贪腐的公职人员肯定是不会穷的，越是贪腐越要善于伪装，善于表演，以混淆视线博取大家的同情。而普通公职人员，大多数人的实际收入确实不高，微博晒出的收入是真实写照。可以说，公职人员哭穷的争议现在之所以扑朔迷离，是因为穷的在哭穷，富的也在哭穷，连贪赃枉法者都在哭穷，一般民众分不清楚真假，就出现“塔西佗陷阱”。塔西佗陷阱的命名来源于古罗马时期历史学家塔西佗。他曾经在谈论政府的公信力时这么说：“当政府不受欢迎的时候，好的政策与坏的政策都会同样得罪人民。”通俗的说法就是当政府失去公信力时，无论政府说真话还是假话，做好事还是坏事，都不被信任，会被认为是说假话、做坏事。在网络时代，公职人员的行为和信息正随着突破传统的传播方式面临挑战。公职人员正在失去传统的公信力，无论说真话还是假话，真穷还是假穷，都会被认为是说假话、哭穷，所有的信息民众都不愿意相信了。

近年来，关于国家公职人员财产申报、公权力行使相关的话题愈来愈受到各方的关注，尤其在互联网环境下许多官员被曝光，奢靡的生活、巨额的财富、权色交易等腐败乱象刺激了大众的神经。该领域的研究既是当下的热点问题，也是困扰社会和谐的因素。有专家认为伴随着互联网的发展，言论自由被赋予了新的理念和表现方式，为现实社会提供了前所未有的超强大的舆论空间。这种对特定人群隐私的媒体呈现，是公民表达自由的体现，有必要对官员的隐私信息强化监督。而更多的学者认为基于公共利益的国家公职人员的隐私需要受到限制，而与公权力腐败行为无关的国家公职人员个人的隐私权则应受到保护。在国家公职人员隐私权侵害的研究方面，有些学者从法律角度进行了探讨，认为我国迫切需要从立法和司法方面解决上述矛盾，进而规范网络传播行为的民事权利与法律责任，从侵权的角度来探讨隐私权的法律适用及侵权主体的法律责任。也有学者从新闻传播的角度研究此问题，比如从新闻伦理、媒体责任、网络文化等方面进行把握，对新媒体与个体隐私权的矛盾冲突进行分析。还有些学者通过比较研究发现，隐私和技术进步之间存在密切的联系。随着技术的进步，隐私的内涵也在不断扩展，比如大数据技术就可能使传统的隐私观颠覆。在大数据技术与隐私的研究领域，需要进行信息技术应用与技术管理的规范，否则，大数据环境下可能导致个人隐私保护崩溃。近年来，对于网络隐私的研究在社会伦理和法治建设等方面都取得较大成果，就新技术及互联网发展带来的融合问题、隐私权问题和电子媒体法律法规以及政府管制框架的最新变化和发展趋势都在丰富该领域研究。

以上研究的观点为笔者探讨学习该领域的知识拓展了眼界，使笔者领悟到在网络时代，个人隐私的泄漏是一种必然现象，各种合法或非法技术的应用，使得个人信息在不知不觉间已经泄露。网络空间良莠不齐，人们的辨别能力有限，在各种传播技术和传播策略的作用下，各种真假难辨的信息充斥网络，容易滋生传播谣言，进而侵害公民的隐私权。公众在这个时期，接收到大量的不辨真伪的信息尤其是事关公职人员的负面信息，从而造成对公职人员及其阶层的不信任。在这种情况下，赢得公众的信任不仅是通过强化公职人员队伍的管理，从严治吏惩治腐败，加强信息公开，增进社会沟通，也是弥合不信任的有效手段，更何况信息公开是监督公权力运行最经济、最低成本的选择。

为了顺应社会的变化和国家管理水平的提升，1995 年，中共中央办公厅、国务院办公厅发布了《关于党政机关县（处）级以上领导干部收入申报的规定》，开启了公职人员信息公开的序幕。2006 年，中共中央办公厅再次发文《关于党员领导干部报告个人有关事项的规定》，进一步将县（处）级副职以上领导应报告的内容事项扩展至其配偶、子女等直系亲属。

2010 年，中共中央办公厅、国务院办公厅又再次进行修改和补充，印发了《关于领导干部报告个人有关事项的规定》。现有的国家公职人员信息公开体系是经过多年工作探索与实践，不断积累和创新形成的一系列法律法规、政策和讲话、报告。我国国家公职人员信息公开已初步建立并在实践中不断完善，相比其他国家的制度还有创新。在国内公职人员财产公示问题上，尽管近年来公众呼声日甚，但由于历史的原因一直争议不断。民众热情很高，官员的反感和抵制，还有些人担心公职人员财产公示会带来社会不稳定。国内公职人员财产公示问题之所以遮遮掩掩和传统文化有一定关系，更和缺乏相关的系统制度有关，和长期宽松的公职人员监管环境有关，使公职人员产生了抵触和抗拒的侥幸心理。以前的财产申报制度由下级官员向上级申报，内部稽核，信息不公开。但在注重关系和协调的中国官场文化中，多年同僚上下级关系，在问题没有爆发时，就撕破脸面、秉公执法，这就是不包容、难以相处的另类，所以很少有上级认真审核下级的申报信息。也有人认为，财产等公职人员的信息公开确实是一剂反腐良药，但任何工作都需有序推进，需要在很多成熟的条件下实现和实施，才能化为成熟稳健的政治决策。争议还在，但是我们已经能够从中央反腐的整体思路看到此问题的解决路径，一条从官员财产等个人事项的内部申报——内部稽核——局部公示——全面公开的逐步从紧的清晰脉络。就从 2015 年领导干部个人有关事项填报来看，与往年不同的是，领导干部在填报完个人事项后承诺“自愿接受组织审查”，过去填报不准确就托词与爱人沟通不够，现在不能作为搪塞的理由了。而且稽核不仅“凡提必核”，不提拔也要按比例抽查，且抽查范围越来越大，重点抽查核实的干部范围还扩大至换届时拟继续提名的人选。过去填写说明很简单，现在面面俱到，没有看清楚已经无法解释。对具体事项，比如房产，住宅、商用房、厂房、仓库、自建房及车库（车位、储藏间）等都需要申报，少报一个平方米都要写情况说明。填报个人房产情况时，不管是否获得房产证，以房子是否已经在房产部门备案为准；已经签订合同卖掉的房子，如尚未过户，也要填报；已签订购房合同，并登记到本人、配偶和共同生活子女名下但暂未取得产权证的“预售房”等房屋也需填写。甚至有些省份在填报说明中表示，只要房产上一年度还在本人、配偶、共同生活的子女名下的就必须要填写。有些地方不仅是处级以上官员要求申报，科级干部以及关键岗位上的工作人员也必须申报。面对越来越紧的申报要求，有些官员还不适应，牢骚满腹。要知道今后的发展趋势是中央决不允许在缺乏透明和缺乏政党、媒体监督下的官员财产信息长期封闭，官员财产申报制度将变成由社会、媒体、官员所在单位的下级、同事进行监督，向全社会公开。

我国政府在公职人员财产等信息公开问题上的工作远比社会上理解的系统、全面，从上述的情节可以看到不仅仅是财产公示领域的信息报告，还涉及婚姻、配偶子女等诸多方面，不仅个人申报，还采取各种稽核手段。但从目前的工作看，领导干部的信息稽核新技术的运用研究不足，在进入大数据技术时代后，将大数据应用到国家公职人员信息稽核领域无疑能形成该项工作创新的突破。通过数据分析、科学的指标体系建立，解决原有信息公开模式无法解决的“瓶颈”问题，实现基于大数据技术的国家公职人员“智慧稽核”，使各项指标细化，甚至道德领域的问题也可以衡量，廉政风险防范领域的技术瓶颈就可能突破。从国内的相关实践看，在我国还没有形成全面系统规范该问题的法律和制度的情况下，大数据技术已经在纪委、组织部等部门初步应用。比如长沙纪委开发电子政务平台。“平台包括综合办公系统、领导干部廉政档案管理系统和党员干部问题线索比对系统等，简直是反腐倡廉的 GPS 系统。”科技反腐是推进反腐倡廉建设科学化的重要抓手，长沙市纪委依托内网，开发了纪检监察电子政务综合办公平台，这是该市纪委继开通长沙廉政网之后，推进阳光纪检、数字纪检的又一举措。用过“云监督”，纪检干部履职情况全监控，市纪委干部请休假情况、上个月工作完成情况如何、取得了什么实效……点开该市纪委电子政务综合办公系统，这些信息即可一览无遗。“大数据”使得领导干部廉情家底全掌握，2015 年 10 月，长沙领导干部廉政电子档案正式上线，2 800 多名县处级领导干部廉政信息全部实现数字化管理，系统已完成全市 2 863 条县处级领导干部基本信息、47 条受惩处情况、8 条有效信访情况、100 条违纪问题线索处置情况的录入。[1]

因此，我们应该认识到党和政府并不是在公职人员信息公开方面持有

---

① 《云监督＋大数据，长沙纪委开发电子政务平台》，《长沙晚报》2016 年 1 月 31 日。

袒护和纵容的态度，而是循序渐进推进该项工作的持续深入。审视该问题还需要宽容和理性的精神，需要兼顾私人领域隐私保护与涉公信息公开，在国家公职人员的隐私权与信息公开问题上应该有一个适当的平衡，在法律、制度的框架和规范下，划定社会各界包括公职人员阶层均能接受的合理边界，这才具有现实意义。当然，在研究该领域问题时，视角不能单一，需要在互联网时代建立大数据思维，进一步建立相应的规范，解决其中的冲突与协调，实现国家公职人员信息公开和隐私保护的平衡。

隐私是什么

隐私与隐私权是现代中国社会民众非常关切的一个问题，也是现代社会一个非常重要的特征之一。美国哈佛大学法学院的路易斯·D. 布兰迪斯和塞缪尔·D. 沃伦在《哈佛法学评论》发表论文，对隐私权的概念进行阐述，开启了隐私权理论研究先河。在随后的一百多年中，隐私权的研究不断深化和完善，个人的隐私权保护问题也得到社会高度重视，促使个人隐私权成为法治国家立法保护的重要个人权利。

何为隐私，每个人的理解不同，譬如有些人认为个人的年龄、收入是隐私，有些人就不认为年龄和收入是隐私，反而会大方地告诉别人。有学者在研究中把隐私概念从不同角度做出了表述，隐私包括个人有保守秘密或隐居的权利、匿名表达权力、在获得独占权之后排他性权力、个人信息支配权、个人事项决定的权利（如在健康、生育与性）。一般被视为隐私的领域包括个人的收入信息、住所、家庭状况、工作状况、健康状况等，还有观点认为所有不愿意被外界知道的个人事项都可以视为隐私。如果让民众一一列举，就会发现这是一个非常宽泛而且因人而异的领域。这么宽泛的定义往往和其他问题交叉在一起，比如说，一个公务员的工作收入是不是隐私，一个学者的科研项目申报书是不是隐私，隐私和商业秘密、知识产权等之间就有很大的模糊边界。所以在学界更确切地表述隐私时，往往限制在私人生活和个人事项方面，在对隐私权的表述上就体现了这一原则。在一般的表述中，隐私权被认定在公民依法享有的私人生活安宁与私人秘密领域，他人未经同意进而侵扰、收集、知悉、公开、利用相关信息和领域即违法。作为一种人格权，公民个人有权决定自己的私人生活领域别人是否可以介入，个人的隐私信息是否可以被公开、被收集、被利用，且享有信息的收益权利。也就是说个人私事和秘密，我的地盘我做主，未经本人许可不得擅自触及。当然，也有学者认为在现代社会，不能过于狭隘地理解隐私权，如果过于强调个人的隐私权利就有可能与整个社会利益矛盾和冲突，所以提出个人的隐私权是不涉及其与社会公共利益冲突的私人活动和个人信息，在这些私人领域享有个人的人格权。

在一般人的认识中，隐私权和名誉权是差不多的事情。确实，两者是联系密切的两种人格权，侵犯名誉权甚至诽谤会使当事人的声誉受损社会信誉降低，侵害隐私权也会使当事人的声誉受损和社会信誉降低，但是两者所涉及的信息内涵不同。名誉权以及诽谤是故意编造和诋毁当事人，侵害当事人的名誉尊严，而隐私权侵害所涉及的当事人真实信息，侵害了对方隐私权。隐私权侵害实施者可以声称：我说的是事实没有编造，但是他已经侵权了。随着互联网的蓬勃发展，各种思潮涌动激变成为当代中国一个显著特征。活跃的思想和自由的言论体现了一个国家的活力，但各种乱象也伴随而来。由于在互联网发展初期，信息的发布者以及发布的信息没有经过严格的管控措施和法律约束，参与者缺乏有效制约和敬畏之心，各种谣言、诽谤、语言暴力充斥网络，对于他人利益诉求熟视无睹，直接或间接地侵犯公民隐私权的现象大量存在，伴随这种乱象一个叫作网络隐私权的问题也成为关注的重点。网络隐私权到底包括哪些内容呢？网络隐私权与隐私权所包含问题的实质并无本质差别。一般来说：一是个人基本信息，比如电话号码、身份证号码、出生年月、家庭住址、工作单位、婚姻状况、家庭状况等，这些与个人纪实相关的文字、图像特征信息；二是个人社会活动信息，比如信用等级、金融、保险、活动轨迹、投资、社交、医疗、度假、收入等能够反映个人社会特征的信息；三是个人情趣精神层面的信息，比如兴趣爱好、网络浏览行为、宗教信仰、政治倾向等；四是个人生活的安全和不受侵扰类，比如电子邮件、电话号码、QQ、微信、陌陌等通信类信息，尤其是网络通信和聊天内容属于个人的通信秘密。除此以外，任何涉及个人的有权决定在网络上不公开的信息都属于网络隐私。对于属于个人的网络隐私，公民享有隐私信息的支配权、利用权、处置权，任何人通过任何途径收集到的信息，只要包含权利人的信息，以上的权力自然成立。

由于我国法律对隐私权的相关规定较为模糊，以至于有人认为我国法律没有承认隐私权是一项独立的人格权，所以也造成了该领域在认识上的不统一。这个问题在互联网日益影响我们生活的当下，越来越困扰民众的生活。本来系统的隐私权保护理论和法律就模糊或缺失，互联网、大数据又带来了更为复杂的局面和问题，衍生出网络隐私权、信息技术与个人信息的一系列问题。应该准确地说，我国是暂时没有隐私权的专门法律，而不是绝对意义上的不承认隐私权。在网络上，公民享有和现实生活中同等的人格权利，个人信息和私人生活依法受到保护，也就是在网络上我的地盘还是我做主，任何不经过个人许可的信息收集、存储、传播、利用的行为皆非法，也就是现实生活中的权利在虚拟世界的一种自然延伸。比如，我的个人电脑，未经允许，他人不可以自行打开使用。我的 QQ 空间和微信朋友圈，我有权设定访问权限，未经我的允许，他人不可以浏览我的信息。大部分学者对网络隐私权的定义是：在网络环境中，公民的隐私权自然延伸，因此享有的私人生活安宁与私人信息依法受到保护的权利，个人信息拥有不被他人非法侵犯、知悉、搜集、复制、公开和利用的人格权，未经允许禁止在网上泄露与公民个人有关的敏感和私密信息，包括事实、图像、数据等。从行为表现性质看，网络隐私权并非是一种完全有别于以往的新型公民权利，只不过在网络环境、新技术运用背景下而产生的新的表现形式，与传统隐私权相比其受侵害的可能更大、隐秘性更强。在大数据技术背景下，这一概念必须有所延伸，需要界定其他人能否有权通过大数据技术收集、分析、利用特定人、特定人群的数据信息并加以利用。在我国对隐私权法律和互联网技术上的管理机制尚未完善的背景下，互联网世界比现实生活中的乱象更为复杂、隐秘和恶劣。各种花样繁多的推销和广告，无法屏蔽地通过页面推送、电话、短信、电子邮件、弹窗侵扰你的生活和工作，不知道通过什么渠道自己的姓名、职业、住址、手机、家庭成员，甚至汽车牌照、保险、银行存款理财、投资等信息资料被莫名获取，有些隐私信息在网络上被公开、被传播、被利用后，给公民个人生活和工作带来无尽的烦恼、巨大的伤害和巨额的损失。甚至隐私信息被犯罪分子利用后，使得诈骗侵财案件频发。所以，在网络上的隐私权领域的问题更引起大家的关注。

一些较为激进的学者认为：在新的技术环境下，僵化坚守传统思维去认识隐私权是对新技术的阻碍，传统隐私权这种消极的人格权应该受到限制，否则，新技术的突破就是水中花、镜中月。网络隐私权只要求个人生活不受干涉即可，并不能限制他人利用其信息的行为。而笔者认为网络隐私权是一种传统人格尊严和权利在新技术领域的延伸，对其法律地位和价值取向的理解是法治精神和社会伦理的自然延续，并不意味着新技术可以突破社会法律和伦理的底线。而新技术的研发也不会因为有限制领域就裹足不前，就像不允许用菜刀杀人，菜刀技术就不能发展吗？除了传统铁质菜刀现在还出现了不锈钢刀、陶瓷菜刀，技术难道停滞了？所以说，把隐私权保护定性为技术进步的桎梏是无稽之谈。当然，人类的网络隐私权并不是一个完全的禁区。在保障公民人身、名誉、财产等安全的尺度下，基于国家安全、社会稳定的目标，在法律授权的状态下，对隐私信息有限度地开发利用是可以讨论和接受的。需要强调的是隐私权涉及的主体均为自然人，而非虚拟人物和社会组织，虚拟人物不存在名誉权等公民权利，社会组织的信息保护是依靠商业秘密、商誉等法律条文进行规范。

“互联网+”已经成为这个时代的标志，也是政府大力提倡的产业政策，“互联网+”已经在各行各业迅猛展现其魅力，但是其中带来的问题并不少，在前面笔者就讲过，人类的进步需要从技术和组织两个层面武装自己，到了现代社会，人类的技术已经进入需要在信息技术方面来武装自己的时代了。从这个层面讲，笔者大力支持“互联网+”的理念，我们只不过需要思考是以互联网为主导，还是在有些行业内，根据行业发展和行业规律，辅以互联网技术应用的问题。世界上任何事物都是两面性的，没有负面或缺陷的事物很难想象。比如说互联网技术给人类带来无比的便利，想买一个皮包，无须出门通过网购就可以解决；想吃一顿价廉物美的大餐，打开手机美团，搜一搜周边的餐饮企业，马上就可以解决，而且还有优惠；想开始一段想走就走的旅行，有了手机导航，就算从未去过的地方也来去自如。但是互联网的技术特性对个人隐私的影响巨大，个人每次打开和使用电脑和手机，甚至仅仅携带手机都会留下一些痕迹。在这个过程中，公民的任何信息都应该依法受到保护，作为公民的人格权不受他人非法侵犯、获取、公开和利用。而在虚拟的互联网时代，大数据等相关技术可以轻易、准确地获悉你的个人信息，比如说，大数据可以分析你的行为和心理状态，可以判断你和其他人的社交关系，甚至可以预测你和特定人关系的亲密程度，个人的隐私信息在大数据技术下荡然无存。而且很多隐私泄露的初发是我们对计算机程序的默许带来的，比如我们使用咕咚运动，就算你倍加小心，长此以往你的家庭住址、个人偏好就精确地呈现出来。要知道，大数据等技术在个人信息和群体性信息攫取上的技术优势使得信息的结果更为精确和经济价值更高，基于精确结果的个人信息应用带来的商业价值更大，进一步刺激网络技术、数字化技术的研发应用，隐私信息成为商家和不法人员共同觊觎的宝库。

大数据、云计算等新兴技术以势不可挡的态势影响人类社会，它促进信息的共享、集成、自由流动和融合，成为这个社会进行创新的突破口。在庆幸大数据云计算给我们开启未来之门时，技术之殇也必然刺痛人们的神经。大数据云计算等技术在隐私方面的思考和规范已经严重滞后于技术的应用步伐，法律保护出现许多空白。有些法律规定也是基于传统视角的原则性规定，并没有明晰的新技术条件下隐私权的规定。如何界定侵权责任，司法如何实施，比较一般的案件，技术侵权案件中公民举证困难，甚至无法确定侵权者是谁，且技术侵权案件的维权成本高，一般公民只能任由自己的隐私被肆意侵害。有些人已经意识到隐私侵害的问题已成为社会的毒瘤，2016 年全国人民代表大会上，就有代表提出：在国家治理转变为依法治国的背景下，加强公民的隐私权保护，应当成为我国立法、司法方面的当务之急。

个人网络隐私及其隐私权是个人隐私及其隐私权在网络环境和新技术条件下的延伸。现代国家治理和社会发展要求政府部门信息公开与共享，并不意味着公职人员个人的隐私也随之公开透明，更不应是普通公民的信息外漏，而在互联网等技术条件下，越来越有必要强化个人隐私的保护。由于涉及网络隐私权的行为类型、行为动机、行为结果都较以往更为复杂、隐蔽，给发现、举证、规避、监管都带来新的问题，所以网络隐私权的相关问题才成为困扰现代社会的一个难题。在一次学术交流时，有人问到为什么要提出网络隐私权？现在什么东西都“＋互联网”、都“＋网络”，再谈隐私有什么样的实际意义？对于这个问题，笔者只能说他还没有了解网络的生态。严格意义上说网络隐私权与传统隐私权在本质上没有区别，网络隐私权凸显现代社会新的技术特征。就是由于网络等技术特点将隐私权的问题复杂化和影响倍增了。在现实世界，每个人都有一个真实的身份，而网络世界就有了在真实身份上衍生出来的多个虚拟身份，虚拟身份和真实身份之间的关系就有可能是当事人不愿公开的隐私。虚拟身份的活动信息是否受到保护这样的问题在现实世界很少发生，而在网络世界就是一个常态。在网络空间虚拟身份可能会异化，比如女性用户标注为男性，这种标注当事人就不愿公开，这就是隐私，而这种隐私在技术的干预下很容易暴露出来。在商业利益的作用下，与传统的隐私权相比，网络隐私权涉及更多的是信息的财产属性，用户的信息蕴含大量的商业价值，这些信息的支配权就有别于传统的隐私权范畴。在传统的隐私权视野下的信息可能不被重视，但是在大数据技术条件下，姓名、车牌、域名、手机号码、年龄、电子邮件、地址等个人数据之间存在的逻辑关系就会被轻易发掘并用于个人数据识别，所以任何传统意义上的无须精心保护的信息都要加上保险。而且，与传统的隐私权相比，网络隐私侵权的方式、过程都极为复杂、隐蔽，结果危害超乎想象。一旦网络侵权发生，很难预测其后果，事后的补救措施难以为继。

隐私无处躲藏

随着网络技术的发展，网络侵权信息传播的高速性和广泛性使侵权后果影响大、恢复难、隐匿性强，侵害后果和社会影响也越来越剧烈。现代人们的工作生活对网络的依赖程度很大，网络购物、办公、通讯中蕴含着大量的私密信息，一旦私密信息传播出去，对个人的名誉和安全将带来不可估量的损失，而且，这些信息往往蕴含个人的财产信息，各种电信诈骗就有机会得手，后果严重。在互联网环境中，公民的信息就像唐僧肉一样，成为多方觊觎的对象，公民的隐私权被侵犯的形式也是花样翻新，防不胜防，层出不穷。

互联网好像给所有人提供了一个无比自由和宽广的平台，各种思想和情绪都可以发布在网络上，从其中可以清晰地看到部分民众的幼稚和粗暴。在现实生活中，一个人注意了不闯红灯、不随地吐痰、不乱扔垃圾，但在网络世界，现实生活中的束缚全无，他们可以在网络世界闯红灯、随地吐痰、乱扔垃圾，丝毫不感觉不妥。许多人的模糊认识，常常混淆了公民监督和侵犯他人权利的界限，有时网民在参与网络活动时，在正义感的推动下做出非法和不当的行为，许多人热衷于通过对某一热点事件的参与、揭发、围观，以形成舆论强势来推动事件的扩大影响。由于我们的文化中缺乏理性思维、法治思维、娱乐化倾向，网民容易产生选边站对、炫耀网络暴力，大兴鼓动造势之辞，不惜造谣诽谤，随意开展无限制“人肉搜索”，不当求证和发布他人隐私信息，不计后果将其他人的资料和隐私公开。这种非理性的行为反映了许多人内心藏匿的暴力和狰狞，造成社会的阶层对立和社会撕裂。其中争议最大的是“人肉搜索”现象，在过去的时间里，打着正义之名，挥舞道德大棒进行社会审判，给当事人造成极大的伤害，其弊大于利。

“人肉搜索”可以说是具有本土色彩的“网络创新”，这种区别于百度、谷歌之类搜索引擎的人工搜索信息方式，本身是汇聚民智，一方有难八方支援的群体共治现象，为大家提供了一种极佳的共享信息的方式。比如，我家装修需要买建材，去哪家能买到最好的建材呢？那么就可以通过在论坛、QQ 群、微信群等平台发布信息，如果有人了解相关情况，就共享他的经验和信息，而且其他人可以进行修正和补充，源于广域基础的信息源，你的需求极容易解决。好的网络行为方式也有可能走偏，能够引起众多网民参与的人肉搜索大多分为几类：一是某种行为极不道德，挑战了社会的道德底线；二是作为“公众人物”（明星、公务人员、土豪）过激和越线的行为举止；三是弱势群体被强势群体欺压事件。网民频繁地发动“人肉搜索”就是因为人肉搜索的信息共享的力量是强大的，这种力量一旦失去控制就可能酿成祸端和触及个人隐私，非常容易涉及法律和道德问题对他人造成无法挽救的伤害，无疑会产生“社会不稳定、阶层仇视”的印象和恐慌。

2007 年 12 月 29 日晚，一位年轻女子姜某在北京位于东四环一小区 24 楼的家中跳楼身亡，事情源于她与丈夫王某的婚姻。

据悉，姜某和丈夫于 2006 年 2 月 22 日登记结婚。她生前在网络上注册了名为“北飞的候鸟”的个人博客，并进行写作。在自杀前两个月，她在自己的博客中以日记形式记载了自杀前两个月的心路历程，将丈夫与一名案外女性东方某的合影照片贴在博客中，并认为两人有不正当两性关系，自己的婚姻很失败。

姜某还在自己的博客日记中显示出了丈夫的具体姓名、工作单位、地址等信息。2007 年 12 月 27 日，姜某第一次试图自杀之前，她将自己博客的密码告诉了一名网友，并委托该网友在 12 小时后打开博客。2007 年 12 月 29 日姜某跳楼自杀死亡后，她的网友将其博客的密码告诉了其姐姐姜红，后姜某的博客被打开。

自 2008 年 1 月开始，大旗网刊登了《从 24 楼跳下自杀的 MM 最后的日记》专题。在该专题中，大旗网将王某的姓名、照片、住址、工作单位等身份信息全部披露。同时，姜某的大学同学张乐奕在其注册的网站“北飞的候鸟”上刊登了《哀莫大于心死》等文章；海南天涯在线网络科技有限公司注册管理的天涯虚拟社区网出现了《大家好，我是姜某的姐姐》一帖。每篇网文后，都有大量网友留言，对王某的行为表示不耻和痛骂。

许多网民认为王某的“婚外情”行为是促使姜某自杀的原因之一；一些网民发起了对王某的“人肉搜索”，使王某的姓名、工作单位、家庭住址等详细个人信息逐渐被披露；一些网民在网络上对王某进行指名道姓的谩骂；更有部分网民到王某和其父母住处进行骚扰，在王家门口墙壁上刷写、张贴“无良王家”“逼死贤妻”“血债血偿”等标语。

近年来，“人肉搜索”引发的事件不在少数，例如，2001 年曝微软公司的“陈自瑶事件”可能是最早爆发的人肉搜索，随后又发生了一系列事件，2006 年的东北某女“虐猫事件”“铜须门事件”“周老虎事件”。当事人的隐私被肆无忌惮地公布于网上，并且伴随着线上、线下对于当事人的辱骂、骚扰，形成“网络暴力”。有人说这就是民众的社会舆论监督，应当支持。的确，“人肉搜索”在某种程度上是一种公民通过网络，参与社会管理行使公民监督权、批评权的方式，由于网民的在线参与与评判，也有利于社会的进步和公共利益的维护。最典型的就是通过网络的批评，大家都意识到随意在景点刻字留念是不良行为，现在大家外出旅游，随意在景点刻画文物情况少了。但网民在将涉嫌违法、触及道德底线的行为在网络上公布时，一旦这种监督与批评失当，就有可能侵犯他人的权益。“人肉搜索”中部分网民的言论可能涉及“侮辱”，一些网民言辞激愤，肆意诋毁辱骂当事者，这无助于社会道德的建立和公共利益的实现，反而滋生社会暴戾，这不是公民理性行使正当监督权的体现。在人肉搜索隐私侵权的案例中，就体现了这方面的负面影响。哪怕一个人道德上存在瑕疵，任何人都不能以此为理由侵犯他的公民权利。任何人的手机号码、邮箱、住址、身份证号等个人基本信息，只要是本人不愿意公开或在小范围知晓的个人信息都算“隐私”，网民通过特殊技术而获取、集成，在特定环境下公开也算侵犯“隐私”。“人肉搜索”和传统社会中的“井市八卦”有着相似之处，在传统的熟人社会中，“井市八卦”作为一种社会的舆论威慑，使人们对自身行为收敛，“井市八卦”借助网络传播方式继续演绎着它的威慑。可怕的是在网络人肉搜索的前期，网民们缺乏对事件的全面客观了解，就在非理性的情绪中投入搜索。在事件酝酿的前期，当事人浑然不知，当达到一定阈值时，当事人就算努力弥补和控制已经于事无补了。参与人肉的网民心理动机是复杂的，一般网民出于道德的正义，参与对道德行为失范者的谴责和对弱势方的救助，但也有宣泄自身情绪、落井下石获得快感的心理补偿。在人肉的过程中，网站平台管理方既存在监管的难度，初期很难判定事件的性质，也有自身利益满足的驱使，因为人肉搜索的活跃可以聚集网站人气，从而在一定程度上获取经济利益。如果今后强化管理，网络平台的管理方就应承担相应责任。

在计算机、手机普及的时代，很多人的思维还是传统定势，过去我的笔记本锁在柜子里，别人就无法偷窥。我在房间里的行为，关上门拉上窗帘，室内的行为就是秘密。我的手机、电脑不给别人，别人就无从知晓我的秘密。陈冠希出了问题那是他自己不小心，为什么把电脑给别人呢！而在互联网领域也存在着现实社会强盗、小偷等非法行为，一般公民的信息具有潜在和现实的巨大价值，不法之徒觊觎和潜伏其间就成为必然。用户就算在自己的电脑和手机上设置了密码，一些不法之徒侵入用户终端查看用户的资料等也不是不可能的。个人的电子设备里集成了大量的数据资料信息，一旦金融信息、通信信息、行为信息等数据资料安全得不到保障，个人生活安宁及其财产安全就无从谈起。2016 年，央视 3·15 晚会上发布的消费预警显示，目前大量免费的 WiFi 网络信号，都有可以导致个人信息泄露的风险。用户手机等电子设备联入不法分子的 WiFi，可能被瞬间提取到用户的各类信息。在 3·15 晚会现场做的试验表明，主持人用手机订一个 O2O 服务，在下单之后主持人的订单详细信息就泄露了。在

3·15晚会现场使用免费 WiFi 的观众隐私信息也被泄露，这些观众手机上常用的消费类软件，比如购物、打车、订票软件中订单和消费记录被抓取，并通过晚会现场的屏幕详细显示出这些观众的地址、姓名、订单、身份证号、银行卡号。

国家计算机网络应急技术处理协调中心（CNCERT）常年从事相关的监测，每年都有大量的非法网络事件发生。仅在 2015 年就检测到境外有近 6 万个作为木马或僵尸互联网控制服务器 IP 地址，妄图控制和侵入我国境内各类主机和终端，大量的主机和终端感染了木马、僵尸等各类恶意程序成为肉机，我国信息安全形势堪忧。笔者在长期的观测中，只发现 CNCERT 公布的相关数据上升，没有看到相关数据下降。网络上存在的黑客分成恶作剧、政治和经济三大动机类，在网上制造恶作剧的黑客主要更多是炫技和愚弄他人。政治目的的黑客主要是窃取军事、社会、经济等信息，传播不利于特定国家社会的言论和信息。持有经济目的的黑客传播木马、窃取个人和机构信息是为了获取非法收益。而且，现在的黑客已经不再是过去单打独斗的散客行为，有了组织化的倾向，这种组织化可能是临时联络形成，也可能是组织严密的隐秘机构。一旦形成组织化后，其危害就大大超出传统病毒带来的社会危害。

一般用户为了防范病毒和黑客，在终端上安装杀毒软件，用户不断更新反病毒软件的病毒库，定期为系统打补丁升级，严格规避可疑邮件和可疑网站，不随意接收和点击聊天工具上传送的文件和网站链接，对接收的文件先进行杀毒扫描。用户以为严格执行以上流程就可以高枕无忧了，但是这些杀毒软件和防毒措施在技术高超的黑客面前不堪一击，而且黑客会设计一连串陷阱，让用户在不辨真伪的情况下，落入他们设计好的陷阱。黑客的手段不断演进，病毒的架构和作用机制花样翻新，不断有杀毒软件提供商发现有些恶意程序、木马程序可通过修改系统设置，通过映像劫持阻止安全软件运行，修改防火墙设置，阻断防火墙拦截，将恶意程序植入机器内存，从而隐蔽起来。启动木马程序后，通过远程控制连接用户电脑，木马程序窃取用户保存的用户名、密码、机器特征信息、服务器地址、端口号、历史记录等信息。就此，用户在终端上的金融资产和各类虚拟资产，通过植入木马病毒就可能被盗取。就算金融类资产在机构的帮助下，不会被黑客轻易破解，蕴含大量有价值的私人隐私信息也会被出卖给其他商业机构。在一般人眼里，看似没有什么蹊跷的设备，都可能蕴藏着邪恶的眼睛。比如一个看似普通的充电宝、一个普通的U盘就可能窃取你的隐私。这些设备几乎是所有用户的必备配件，比如你的U盘或电脑上感染了病毒，它可能会偷偷复制并悄悄将你的信息传输出去。许多手机APP因设计存在漏洞，甚至APP本身就存在非法利益链，黑客通过攻击WiFi网络、路由器，进而窃取APP内用户信息，包括通话记录、网购记录、订单信息、聊天记录、家庭住址、浏览历史、电话号码等隐私信息。一般用户的防范能力和防范意识不足以守住自己的秘密，那些大的网站和专业机构是否能守住自己的城池。事实上，很多网站和专业机构也经常受到黑客的攻击，不断爆出用户资料泄密的事件。这些网站和机构所存储的用户的账号、密码、通信方式、家庭住址、通话记录、浏览记录、网络社交等大量信息一旦泄露，将对用户的全方位安全造成巨大隐忧。

人们在参与网络活动时，往往需要根据网站的要求进行注册，需要提供大量的个人信息，填写身份证号码、手机、邮箱等，这些信息存储在机构，机构就有义务为用户妥善保管。而对于很多机构来说，由于内部的管理机制不健全，或信息处置程序有瑕疵，在信息管理和使用的过程中表现出随意性和监管漏洞。信息的存储、运输、使用不规范，接触信息的人员未经审核和培训，大量的信息安全无法保证。公民的隐私信息蕴含大量商业价值，网站同样在利益的驱动下，肆意蚕食和越权侵害公众的隐私信息事件就可能发生。信息的管理权已经完全让渡给网站的用户只能寄希望于网站严格监管和保护，而在不规范管理、商业利益等背景下，用户的信息就是任人宰割的唐僧肉，常常遭到泄露和出卖。于是乎，一个人刚买一部汽车，马上就有大量的保险公司电话推销保险。一家人刚刚买了新房，马上就有无数的装修公司联系装潢。就目前暴露的各种问题看，虽然不少规范的网站和机构强化了相关管理，但是对从业者的职业道德和行业规范教育不能松懈。为用户信息负责、严守用户隐私秘密、严格用户信息处置是今后需要遵守的铁律。

在一些特殊管理要求下，一些机构也会采取灰色的技术。例如有些人利用软件技术跟踪和监控他人在网络上的行踪，第三方跨站跟踪在互联网领域非常普遍。比如利用 cookies 程序，在用户浏览网站时对用户的行为进行识别跟踪，调查和收集他人个人信息。我们还常常看到一种现象，打开一个网站，在页面上常常显示我们过去搜索或浏览过的关键词。又比如支付宝就被爆泄露用户隐私，拍照录音收集数据。有网友爆料称，支付宝的安卓版本存在涉嫌盗窃用户隐私的问题。其安卓版每隔一段时间，会定时在后台自动启动摄像头拍照并进行录音，连同用户通讯录、通话记录，附近基站和 WiFi 等信息，上传到服务器。作为一款金融支付系统，软件运行事关客户财产安全，支付宝在用户完全不知情的情况下擅自设定软件权限，就会对用户权益造成更大的损害。随后，支付宝虽然进行辟谣，但存在技术漏洞的风险是事实存在的。其实这种现象在很多手机 APP 中广泛存在，这些 APP 权限的无限扩张等于 APP 自己给了自己一把随意开启用户信息的钥匙，用户权益将无法受到保障。许多 APP 的使用前提已经设定为你必须同意程序调取你的位置，扫描你的通讯录，调取你的短信。所以说，APP 的技术规范必须重视，不能任由开发者自行设定标准。随着互联网技术的不断发展，各种应用确实给广大用户带来了便利，但在提供便利的同时，广大开发者也要遵守底线，尊重用户、尊重隐私、慎用技术，规范技术权限，维护用户利益。

近年来，网络公司涉及技术安全和窃取用户隐私的事件层出不穷，比如，针对奇虎 360 的指控就有很多。奇虎 360 公司曾经就有两名工程师利用公司所掌握的明文密码，通过 360 服务器云计算后台，潜入北京市政一卡通系统，远程为自己的一卡通恶意充值。尝试了甜头的几个人又试图在公司附近的饭店刷卡消费，后被警方发现并抓获。如果说这次事件是极少数员工的违法行为，与公司无关尚可理解，而此后第三方安全评测机构、其他公司以及技术人员频频揭露奇虎 360 的产品存在重大漏洞，可能导致网民隐私泄漏，甚至存在窃取用户隐私的技术上的可能。比如在 2011 年年初，谷歌就发现 360 服务器上存储大量用户浏览网络的隐私记录，涵盖用户登录的网站信息、邮箱用户名、密码等。乌云平台发布报告称，360

通过安卓系统漏洞获取用户手机敏感信息，可能导致用户敏感信息被黑客和第三方应用获取。百度等公司也指责360搜索无视robots协议，直接将浏览访问记录列入搜索结果，可能导致敏感信息如后台地址、内部系统等暴露，从而引发企业敏感数据泄露。[①]

大家在指责奇虎360时，奇虎360也在试图反击，360回应称导致此次事件的原因，是因为360一台内部服务器遭到了攻击，使得存储网址云安全查询日志的原本无法被搜索引擎抓取的数据被Google的蜘蛛抓取到，而所谓“收集隐私”只是被误解的正常功能。显示可疑网址信息是确保安全的通用技术，很多金山网盾、诺顿、趋势等安全软件都有类似功能。安全软件在处理用户浏览器受到恶意代码攻击时，将恶意网址上传并自动分析，对鉴别出的挂马网址加入恶意网址库，这是杀毒软件安全行业通用的做法。而在这个事件中活跃的百度却是窃取用户隐私的黑手，并且百度公司遭奇虎360公司起诉。2014年4月21日，360起诉百度恶意诋毁、不正当竞争一案在北京市第一中级人民法院开庭。360称百度旗下hao123导航发表360负面文章链接并加红推荐，内容严重失实，要求百度赔偿并公开道歉。案件的核心是百度公司与360公司之间是否发生了不正当竞争行为，而是否存在网民隐私被侵害，侵害后如何救济在案件中丝毫没有体现。涉案的互联网企业的种种公关行为只能暂时缓解舆情问题的压力，真正应该做出让用户满意的举措才是长久之计。互联网不应该仅仅是企业间竞争的战场，各企业要清查到底是什么原因导致用户隐私泄露，积极反思和采取避免用户隐私的泄漏。

---

① robots协议也称为爬虫协议、机器人协议等，全称是“网络爬虫排除标准”（Robots Exclusion Protocol），robots. txt文件是一个文本文件，是搜索引擎中访问网站的时候要查看的第一个文件。使用任何一个常见的文本编辑器，比如Windows系统自带的Notepad，就可以创建和编辑它。robots. txt是一个协议，网站通过Robots协议告诉搜索引擎哪些页面可以抓取，哪些页面不能抓取。当一个搜索蜘蛛访问一个站点时，它会首先检查该站点根目录下是否存在robots. txt，如果存在，搜索机器人就会按照该文件中的内容来确定访问的范围；如果该文件不存在，所有的搜索蜘蛛将能够访问网站上所有没有被口令保护的页面。百度官方建议，仅当您的网站包含不希望被搜索引擎收录的内容时，才需要使用robots. txt文件。如果您希望搜索引擎收录网站上所有内容，就不需要建立robots. txt文件。如果将网站视为酒店里的一个房间，robots. txt就是主人在房间门口悬挂的“请勿打扰”或“欢迎打扫”的提示牌。这个文件告诉来访的搜索引擎哪些房间可以进入和参观，哪些房间因为存放贵重物品，或可能涉及住户及访客的隐私而不对搜索引擎开放。

除了以上所述的侵权，在工作和生活中还会出现大家习以为常的侵权，这些侵权在用户懵懂下进行，同样会对公民的隐私造成侵害。比如，我们购买了一些电子设备，这些设备供应商在设备中预留后门，对消费者的使用数据信息进行收集。一些设备被黑后，自动上传用户信息到指定服务器，最为常见的就是有些摄像头在黑客的控制下窃取你的隐私。在一些单位的管理中，为了防止员工慵懒或从事与工作无关的事情，在网络系统中安装监控软件，员工任何网上浏览、聊天、发送电子邮件等行为监控系统均可拦截获悉。甚至为了组织信息保密，单位会使用技术扫描员工终端，员工存储在终端里的图片、文件等都没有安全可言。对于单位借助技术工具进行监控的行为，一般员工只能表示无奈。这种情况在一些政府部门的管理中也常常见到，比如，命令员工佩戴特殊设备以监控员工的行动轨迹。在公民的隐私问题上，政府部门处于一个特殊的地位，从国家安全、社会治理的角度来说，为了能更好地行使国家社会管理职能，必然要求尽量掌握和控制更多的信息，包括公民的隐私信息。所以随着政府管理通过网络技术的延伸，公民的网络隐私权就会受到政府的“合理”侵犯。在某种程度上说，政府部门为了实现职能进而对侵犯公民信息和隐私权的行为冲动比其他组织和个人更加便利和严重。

在互联网时代也需要反思一些传统的价值意识，比如说个人的隐私是不是绝对不能触碰。几年前，360 采取永久杀毒软件免费的策略，可以说一夜之间颠覆了杀毒业的竞争格局，原先的瑞星、金山，乃至国外的杀毒企业在国内全面崩盘。此举为所有的企业拓宽了互联网思维的视野，现在很多的网络企业都试图采取免费、低门槛，甚至先行赠予等让步策略拓疆扩土。企业做出利益让渡不可能是无限的，必须有潜在可以转化为现实利益的途径来实现企业的可持续发展。获取了市场后，如果能引入其他资金的青睐尚可持续进行，如果没有预期的投资者，售卖隐私就有可能成为一个无奈的选择。有些人指责互联网免费模式的种种弊端，但是免费模式到如今如此兴盛不得不引起我们的思考，它是不是本身也存在一定的合理性，要知道互联网精神和游戏规则是多方平等、协作、分享的精神。企业让渡了一部分利益，用户对等可能也要付出一等的代价，比如用户隐私等数据可能就是这种代价，某种意义上这就是一种市场的公平。面对隐私数据的问题，不同人的反应是不同的，有些人认为通过出让一定的隐私数据从而换取一定的利益是可以接受的，但是更多的人表现出反感和恐惧。就算用户允许，利用用户数据也不能没有底线，并且需要告知用户涉及哪些数据，又在哪些领域使用，使用人是谁，这一系列问题就是让渡隐私的关键。否则，互联网的免费模式就是企业给用户挖的坑，最终这种坑也会坑到企业自身，这种模式终将走到尽头。

网络隐私权法律和政府监管

在隐私权问题上，学界通行的观点是由于我国现行的法律中对公民的隐私和网络信息没有专门立法，人大和两高也仅仅是出台了相关的司法解释和条例，也没有明确到具体哪个政府部门或机构进行公民隐私的保护和采取何种形式的监督，以至于公民隐私在法律、行政、技术保护措施上缺位。客观地说，我国的法律建设已经取得了巨大的进步，但是立法工作特性决定了法律建设可能在某些问题上不可能完全体现前瞻性、全面性。因为许多问题在未来的发生状况现阶段难以预估。比如安徽省人大在 2007 年曾经就科普工作立法征求意见，当时笔者就提出科普工作不能局限在传统的宣传领域，应该重视互联网的作用，但是当时的立法很难把科技人员在互联网上的宣传工作纳入工作考核。2016 年 3 月 7 日，全国人大代表、天津市工业和信息化委员会主任李朝兴在全国两会上提出了“抢占国家竞争制高点制定大数据发展促进条例”的建议，不少代表支持李朝兴的观点。李朝兴认为，当前大数据已成为国家基础性战略资源，是国家未来的核心竞争力，当前应尽快启动数据立法。对于李朝兴的建议笔者是赞成的，但是马上就实施立法也许还不妥当，因为大数据的应用工作在很大程度上还存在混沌，需要我们去探索，如果立刻实施立法，很多问题难以考虑周全，要么扼杀了创新，要么漏洞百出。但是随着我国经济社会的发展，隐私权立法势在必行。

当下，某些机构利用大数据技术数据挖掘、远程控制、自动检索等功能的法律边界模糊，收集用户信息，用软件监测用户的使用行为，跟踪监测用户行为偏好，甚至违规进入用户电脑系统，非法收集公民的隐私带来严重威胁的事例频发。作为公民对自己的信息可能都弄不清楚谁掌握了信息的内容、信息输送对象是谁。如早年媒体就披露某些网站利用 Cookies 这种技术追踪用户的上网记录，收集网络访问信息的现象，至今也没有明确该种行为是否合法。没有明确的技术边界，于是就连一些安全软件也被曝出收集用户终端信息。百度和 360 互掐进行了法律诉讼，而法院仅仅判决两者之间存在名誉侵害，对于涉及用户的利益保障，以及他们的技术行为的合法性却没有涉及，这为今后的公民隐私信息保护埋下隐患。人肉搜索的危害已经路人皆知，但侵害的惩戒无法可依，大多数行为只能听之任之。政府部门以国家安全、社会稳定名义通过各种技术手段对特定的人群进行识别和监控本无异议，但公民需要知道法律规定在什么情况下自己可以被监控、隐私被探知，而现在的监控无法可依、无处查实。

2009 年 5 月，一组约 30 张“海运女”不堪入目的照片成为网友争相观看并转发的对象。据发帖人“garros”称，照片的主角叫 YH（化名），是他的前女友，他们相爱了两年半。但他的事业陷入低谷后，女友离开了他投入别人的怀抱。“garros”陆续在网络上贴出 YH 的生活照和一些不雅照片甚至视频，10 日，整套不雅照片出现在网络硬盘“纳米盘”上供网友下载，而女主角的姓名、年龄、家庭地址、毕业学校等详细信息也逐步现身网络。“garros”解释，自己这样做的目的是“为了娶她”。不雅照在迅速传播的同时，不少网友开始担忧女主角的命运，也有网友劝“garros”及时收手，并去看心理医生，这样做不仅糟蹋了别人也毁了自己。还有一些网友则搜索出“garros”的信息，称其曾是某知名网站的网球评论员。2009 年 5 月 13 日，女主角向警方报案，称有大量涉及她身体隐秘部位的裸体照片被他人上传至网站中。该事件被冠以“海运女艳照门事件”，继而被多家媒体报道。18日，受当事人委托的律师在《时代报》上发表公开声明，称“海运门不雅照片事件”为故意侮辱女性的恶性事件，要求各搜索门户、论坛、博客等网站尽快采取措施，删除任何侵犯受害人“YH小姐”合法权利的相关文字内容、照片、链接以及不实报道。2009年7月13日，女主角诉称与案外人朱某系恋人关系，2009年4月，双方因感情不和分手。朱某出于报复于2009年5月8日，将大量涉及她隐私的图片上传至互联网，并遭到网友的搜索。自己曾于5月13日委托律师登报声明，要求各网站采取措施删除相关内容。但以百度为代表的搜索网站对上述图片及私人信息未进行任何处理，导致原告的照片及个人信息在网络上广泛传播。对于不雅照事件，网站也显得很无奈。宽带山论坛负责人告诉记者，自从“海运女”不雅照出现后，他们看到一张删一张，但还是很被动。“点击率已经过万。”该负责人说，他们试图通过邮箱与发帖人取得联系，以终止这样的行为，但一直没有得到回复。

2009年10月25日，在百度网站开设的“百度百科”栏目下的“海运女”词条内，当事人仍发现有自己的姓名、性别、毕业院校名称等个人信息，甚至还提供相关照片的下载链接，当事人殷小姐认为百度该行为侵犯其合法权益遂起诉法院。百度公司辩称，殷小姐登报声明不构成有效通知。涉诉照片是由第三方发布并控制，百度只是根据关键词，自动生成与第三方网站的链接。为避免搜索结果出现侵犯殷小姐“不雅照”，百度对搜索结果进行过滤和删除，主观上不存在过错。但第三方网站仍然不断上传新的图片，难免在搜索中仍然存在殷小姐部分图片。百度公司称在殷小姐投诉前，已对相关内容进行了断链。开庭后，根据殷小姐投诉，又履行了监管义务。

2010年6月30日，上海静安区法院对此案进行一审判决：百度公司停止对殷小姐名誉权的侵害，断开搜索引擎中可辨认殷小姐相貌的涉案图片链接；删除网站上保存殷小姐的个人信息；连续3天在百度首页醒目位置刊登向殷小姐道歉声明，消除影响，为殷小姐恢复名誉；支付殷小姐经济损失人民币2 000元、精神损害抚慰金人民币2万元。法院认为本案涉及面广，社会影响大，在案发后因百度公司的过错，导致她承受精神痛苦和生活困扰，使得她身心遭受了重大打击，法院支持殷小姐要求支付精神损失抚慰金的主张，考虑到百度并非直接发布侵权照片者，遂酌定为2万元。在接到线索后，公安部门立即对此展开调查，争取查找到原始上传记录。警方已将相关照片送交文化部门进行鉴定，以确认照片是否属于淫秽图片。至于上传者将会承担什么样的法律责任，警方表示，这要根据其上传的图片数量、点击率来确定，如果构成传播淫秽物品行为，上传者将可能受到警告、罚款或者拘留等行政处罚，情节严重的，不排除会追究其刑事责任。不管是否构成传播淫秽图片，如果发帖人在未经照片主角允许的情况下发布这些照片，那么他已对照片主角构成民事侵权。若认定该照片为淫秽图片，依照《刑法》规定，若构成犯罪，被传播人数以300人次会为起点，最多可判2年。

从以上案件看，在司法实践中也是将此类案件定性为名誉权的案件来审理，公安部门认定的是传播淫秽物品行为，而当事人的隐私权作为自然人享有的一项具体人格权，其在法律上的保护方式并没有体现。

在世界其他国家，早就指出“隐私权是人格权的重要组成部分。”美国学者沃伦（Warren）和布兰迪斯（Brandeis）于1890年发表了著名的《隐私权》（The Right to Privacy）。该论文一经发表立刻引起广泛争议，现在被视为现代隐私法学研究的基石。沃伦和布兰蒂斯在文中提出技术进步可能颠覆传统的隐私观，“照相技术和报刊业已经侵入了私人和家庭的神圣领域；很多技术发明威胁到了隐私权，‘密室私语被公之于众’的预言成为现实”。在西方国家中，美国是较为注重隐私保护的国家，又是各方窥视公民隐私较多的国家，美国在原来行业自律的基础上辅以网络隐私权保护的立法。随着美国人权运动的发展，在舆论的压力下，美国的公民隐私权从民法权利上升为一项公民宪法权利。在17世纪中期，美国的邮政系统常常发生邮件被随意拆开的事件，对此，1782年美国国会认定私拆信函的行为违法，加强了传统物理概念的个人空间保护，比如住宅的保护。随着电话、电报等通信技术的发展，个人隐私空间的概念也在扩大，1880年美国国会提出了保护电报隐私的法案虽未获通过，但已经让隐私空间的物理概念拓展到虚拟空间。以 1965 年 Griswold v. Connecticut 一案为标志，美国联邦最高法院将公民隐私权确立为独立于第 4 和第 5 修正案的公民一般宪法权利。1967 年美国通过《信息自由法》，1974 年又制定《隐私权法》，《隐私权法》不仅强调非政府组织和自然人不得侵害公民隐私，还规定了美国联邦政府机构获取和使用公民信息的权限范围。美国相关法律和国会法案陆续推出了《电子通信信息法》《儿童网上隐私保护法》等一系列法律，美国联邦各州也陆续出台了相关隐私法律，就此，较为完备的法律体系形成。可以看出，美国的隐私保护法律是以一个基本法和一系列配套法组成的一个法律系统，同时以法庭的判例作为司法参考。欧盟的法律传统一直有别于英美模式，更强调通过系统的立法予以民事规范。虽然欧盟是多个国家组成的联盟，没有统一的中央政府，欧盟一直致力于形成强有力统一的法律体系。在隐私权保护方面，欧盟重视在网络技术方面的发展和隐私权领域的保护，欧盟更加希望通过法律而不是仅仅依靠行业自律的模式进行管理。在 1978 年的西班牙，修订后的宪法第 18 条规定，“保障名誉、个人和家庭隐私及本人形象的权利。”1998 年欧盟正式实施的《个人数据处理与自由流动中个人权利的保护指令》，以及 1995 年 10 月通过的《欧盟个人资料保护指令》都非常全面地规范了个人信息收集、处理、利用方面的规定，强调本地存储和禁止跨国分享。随着互联网技术的发展，欧盟不断推出新的法律补充条款，使隐私保护更加完善。随后，世界上掀起一股浪潮，就像美国电子隐私信息中心（EPIC）2004 年发布的《隐私与人权——全球隐私权法律及发展调查报告》表明的一样，世界大多数国家均在宪法层面上承认“隐私权”这一公民基本人权。网络隐私安全的问题并非是中国独有，对于互联网隐私保护的问题，世界各国大多都在采取行动，有些国家通过专门的成文法进行规范，甚至在《宪法》中加以明确；有些国家则通过判例的形式加以规范；有些国家强化行业监管和自律，同时还通过法律体系完善强化隐私权保护。在立法和司法过程中也必须看到现代的网络技术和网络传播环境中公民隐私问题具有的特点和传统环境不同。与传统环境下隐私权侵害相比，新技术环境下的侵害方式和手段的多样化和高科技化，使侵权不易被发现，也不易收集证据，导致司法中管辖权的不确定，造成举证困难，这些导致了技术侵权案件的立案管辖的不确定性。所以立法和司法过程中必须结合新技术特点方能有效解决全方位保护问题。

我国宪法虽然未直接定义隐私权并做出明确的规定，但围绕“人权”“人格尊严”“通信自由和通信秘密”隐私权相关的权利概念做出了规定，成为个人信息和隐私保护的法律依据。诸如我国《宪法》第 38 条规定了公民的人格尊严不受侵犯，第 40 条规定公民的通信自由和通信秘密受法律保护。这就从《宪法》的角度对公民隐私权奠定了原则性保护基础，也为公民通过其他法律寻求保护提供了根本依据。对于新出现的网络技术领域的隐私权，法律体系建设仍存在大量空白点。梳理一下我国目前与隐私权有关的法律，在已有的法律法规中，处理隐私权纠纷的法律依据主要是最高人民法院《关于贯彻执行〈中华人民共和国民法通则〉若干问题的意见（试行）》，该文件指出：“以书面、口头等形式宣扬他人的隐私，或者捏造事实公然丑化他人人格，以及用侮辱、诽谤等方式损害他人名誉，造成一定影响的，应当认定为侵害公民名誉权的行为。”这里是用名誉权来保护隐私权，最高法院的司法解释中将侵犯隐私权归为侵犯名誉权来予以处理。分散于宣传部、公安部、工业与信息产业部等不同部门的规章，有些侧重于国家安全和社会稳定的考虑，有些侧重于技术管理，各规章间相互缺乏系统设计和协调。在网络隐私权领域，一些法律法规陆续出台，2012 年 12 月 28 日第十一届全国人民代表大会常务委员会第三十次会议通过了《关于加强网络信息保护的决定》，强调国家保护能够识别公民个人身份和涉及公民个人隐私的电子信息。任何组织和个人不得窃取或者以其他非法方式获取公民个人电子信息，不得出售或者非法向他人提供公民个人电子信息。开始从法律层面规范公民个人电子信息的保护，对非法泄露个人电子信息的行为予以处罚。2013 年 9 月 9 日，“两高”联合公布《最高人民法院、最高人民检察院关于办理利用信息网络实施诽谤等刑事案件适用法律若干问题的解释》。对利用信息网络实施诽谤、寻衅滋事、敲诈勒索、非法经营等刑事案件适用法律进行解释。2014 年 10 月 9 日，最高人民法院公布了《最高人民法院关于审理利用信息网络侵害人身权益民事纠纷案件适用法律若干问题的规定》。该司法解释针对利用信息网络侵害人身权益民事纠纷案件，明确指出利用信息网络侵害他人姓名权、名称权、名誉权、荣誉权、肖像权、隐私权等人身权益引起的纠纷案件的法律适用。第 12 条规定网络用户或者网络服务提供者利用网络公开自然人基本信息、病历资料、健康检查资料、犯罪记录、家庭住址、私人活动等个人隐私和其他个人信息，造成他人损害，被侵权人请求其承担侵权责任的，人民法院应予支持。在政府部门规章的保护方面，1997 年 12 月 8 日国务院以及工信部陆续颁布了国务院信息化工作领导小组审定的《计算机信息网络国际联网管理暂行规定实施办法》等规定，如规定："不得擅自进入未经许可的计算机系统，篡改他人信息；不得在网络上散发恶意信息，冒用他人名义发出信息，侵犯他人隐私；不得制造、传播计算机病毒及从事其他侵犯网络和他人合法权益的活动。"对于一个以农耕文明为特征的国家，进入现代化后，传统文化和思维模式仍然保留农耕文明的惯性。在农耕文明时期形成的对隐私的忽视在法律体系的建设中仍然延续着。因此，我国长时间缺乏保护公民隐私权的专门法律就可以理解了。隐私权作为一项重要的人格权，是一种任何人都需负有维护他人此项权益的法定义务没有得到体现。由于法律法规的不健全，使得大量的侵权行为发生后却没有受到制裁。在具体案件中，在行政责任、民事责任和刑事责任的界定上存在一定的模糊，无法有效提供针对侵权者进行责任追偿和惩戒的依据。

从目前的立法司法和政府管理层面看，还存在一些模糊领域和问题。比如在我国通常是把隐私侵权纳入名誉权、肖像权的范围予以保护。这种将隐私权归入名誉权、肖像权的保护方式在诉讼时极为不利。名誉权、诽谤罪涉及的事项是传播的信息内容是否属实，对公民名誉是否构成毁损，如果传播的信息是事实就不构成侵害，而且如果没有传播行为就不能认定为侵权。定性行为是否侵权的构成要件不尽相同，使那些对侵犯别人隐私权的但未对他人名誉权造成侵害的行为难以定罪和处罚。对于我国而言，应借鉴其他国家的立法和司法实践，稳妥推进立法工作，在明确公民隐私权的法律基础上，整合分散零星的法条，全面平衡各项利害关系，设计出在法律层面健全和司法层面完备的保护体系。当然，国家能够适时专门进行《公民信息保护法》，从传统领域到互联网，再到大数据等技术领域的各种隐私权的含义和范围来规范是最优的解法。无论在立法上以什么形式出现，现代社会必须树立任何组织和个人对公民隐私信息不可越法侵犯，对侵害公民隐私权的行为的认定和处罚有法可依；公民有对个人信息的支配、使用、收益、知情权，未经授权或在法律规定的情形下任何第三方不得越权获得利益。

网络隐私立法是一个专业性极强的领域，需要投入巨大的立法成本，而且对于隐私保护相关法律的尺度把握需要有理性的思考，对于新兴的网络技术以及网络产业而言，过于严苛的法律约束和政府压制会束缚行业的创新和发展，使网络行业发展因为法律的限制而减速或停滞，整体社会成本增加，而社会整体收效递减。从传统社会道义出发压制和束缚技术发展就是忽略网络信息共享和自由对产业的推动，从根本上阻碍了网络产业的发展。比如说，有些人呼吁，在滴滴打车等软件中屏蔽使用者的手机号码，防止隐私泄露，这个想法的初衷是善意的，但如果一旦实施就使得软件使用双方的联系终端、软件联系的效率大打折扣。现今，大数据已成为国家基础性战略资源，是未来我国的核心竞争力。习近平总书记在 2015 年第二届世界互联网大会上指出，中国在“十三五”时期将大力实施国家大数据战略、“互联网+”行动计划，发展积极向上的网络文化，拓展网络经济空间，促进互联网和经济社会融合发展。国务院 2015 年印发《促进大数据发展行动纲要》，正式将大数据列为国家战略。在这个背景下，出台严苛的隐私保护法律显然会约束技术创新。

法制建设必须有序，由于隐私权的保护进入新技术环境，涉及面更广、专业性更强，目前全面立法时机可能还不成熟，针对“立法者不懂技术，技术人员又无权立法”的困局，要建立立法者与技术人员的沟通机制，将法律和技术有机融合，制定出更加合理有效的法规。既考虑到公共数据信息的开放共享，又兼顾隐私的开放和使用标准，界定不予开放的范围，从信息获取源头上划出底线。进一步规范数据信息交易，明确信息数据资产属性，构建公民信息数据资源交易机制和定价机制，从交易平台、使用主体、交易对象等因素进行规范数据信息采集、传输、存储、使用、共享、交易的行为，推动数据信息交易走向规范。在任何信息使用的过程中，确保个人数据信息安全，对涉及个人信息获取和使用的过程进行数据安全等级评定，规定采取必要的应急防范等安全措施，明确侵犯个人隐私行为的法律责任以及处罚方式。对于普通公民来说，侵权的证据难以收集和保存，维权成本过高，故应在法律中规定，对于侵权案件，相关部门有责任协助完善证据。

从政府监管和政府行政的角度看，也需要厘清公民隐私问题。比如，政府是否具有处置和探知公民隐私的无限权力，是否应该限制政府权力。2015 年 12 月，美国加州发生枪击恐怖袭击案件，涉案的两名枪手在交火中被击毙。警方取得其中一名枪手法鲁克（Syed Rizwan Farook）的苹果手机，为了查看手机里面是否有与恐袭案相关的信息及恐袭案策划的过程等重要信息，警方试图打开手机进行查看，但是手机设置的密码无法破解。根据 iPhone 手机的设置，连续输入错误密码 10 次，手机内的资料就会全部自动销毁，警方不敢轻举妄动，于是求助于苹果公司。对于警方来说，这事关国家安全，苹果理所当然应该予以配合。出乎意料的是苹果以保护用户的个人隐私为由予以拒绝。FBI 不得不起诉苹果公司，要求苹果协助破解手机密码。FBI 在上诉状中称，法鲁克的 iCloud 账户显示，策划枪击案期间，通话记录显示法鲁克用这部手机与另一枪手——其妻子马利克（Tashfeen Malik）联络。美国加州地方法院法官裁决苹果协助联邦调查局（FBI）破解涉案手机密码，苹果必须向调查人员提供“合理科技支援”，包括协助 FBI 回避手机的自动销毁功能。苹果总裁库克反对裁决，批评判决开创了侵犯公民隐私权的恶劣先例，会威胁苹果顾客的安全。从而掀起政府的行为在涉及国家安全和公民隐私时如何取舍的热议。

从政府监管和政府行政的角度看，公民隐私信息常常涉及国家安全和社会管理，公民理应允许和接受政府的信息收集和隐私窥视，就算公民反对政府的行为，结果也是反对无效。政府是否具有在法律上处置和探知公民隐私的无限权力，政府权力是否应该被限制就需要思考。从棱镜门事件，我们不难看出美国在司法中的尺度把握。英国《卫报》于 2013 年 6 月 6 日首先报道，美国国家安全局和联邦调查局被前雇员斯诺登爆料，于多年前就开始实施一个代号为“棱镜”的秘密监控项目，进入美国多家信息技术公司，挖掘数据、收集情报，棱镜项目能够对即时通信和各种信息资料进行深度的监听。监听对象包括任何在美国以外地区的客户和任何与国外人士通信的美国公民。根据斯诺登曝光的文件显示，美国国家安全局可以接触到大量个人隐私的聊天信息、语音通话、传输的文件、个人社交数据。“棱镜”项目被披露后，很快它的真实性就被美国参议员证实，该项目实施至少已有 7 年，而且奥巴马上任后还更加重视。虽然事件在曝光后引起轩然大波，但是要注意到，在法律体系较为完善的美国，该事件除了斯诺登，没有任何其他人被判定涉嫌违法。虽然，美国早就对隐私数据保护制订有多部法律，但这些法律倾向于规范和约束公司的行为，而不是约束政府的活动。就算在公司隐私政策中，也常常包括一个条款，这个条款规定公司在收到政府的合法要求下，公司会按照法律将信息与政府共享。例如，2001 年的爱国者法案就给予了美国政府在使用公司存储的各种数据时的权力。谷歌、脸书等公司在其隐私条款中称，所有用户必须同意他们数据的存储和利用符合美国法律。这可以看出，世界上更多的国家认可隐私涉及公共利益、国家利益时，法律就要偏向于公共利益和国家利益的维护。所以，有些人认为的政府在强权的袒护下进行的侵权行为是违法的问题不成立。但是，并非所有的政府在公民隐私上的行为都不违法，所以我们应该同样思考政府的侵犯公民网络隐私权行为的合理尺度。由于反恐、社会管理、公共利益实现等工作，政府需要收集、处理、利用公民的隐私信息，这个时候就不能因为个人隐私的保护而拒绝或不承担相应义务。但是对于公民而言，如何判断哪些信息收集和利用工作是基于公共利益就非常困难。在我国，根据《政府信息公开条例》规定，行政机关在信息公开的过程中不得公开涉及国家秘密、商业秘密、个人隐私的相关信息。除此以外，难以查找到相关法律法规的规范依据。因此，设立《国家公共安全信息法》和《个人信息保护法》类似的法律进行界定也非常有必要。任何使用公民信息的行为都应该由人大立法机关进行授权，而法院有权力判定人大授权是否违法。只有经过合法的程序，相关部门的信息收集利用工作才能合法进行。

如果说过去我国公民保护隐私权的意识薄弱尚可，现在大家逐步强化了对自身安全的担忧。在快速发展的中国，各种复杂的事件充斥网络，侵犯公民互联网隐私权的案件日益增多，形成的侵害越来越严重。加上大数据、云计算等网络技术的快速发展，已经对我国公民的隐私权法律保护提出了严峻的挑战。原有的思维和习惯已经不适应新的变化，需要在法律上明晰和判定权利义务关系的不确定性。让法律的阳光，灭杀侵害他人正常权利的雾霾，实现新技术条件下的权利救济和司法救济。对他人权利的尊重和保护，同样也是尊重和保护自己的权利，否则，每一个人都可能噤若寒蝉地生活在充斥着狭隘和蒙昧的网络世界里。法律滞后于社会经济的发展是可以理解的，但不是说可以允许法律长时间滞后于社会经济的发展。我国虽在公民网络隐私权的立法和司法方面起步较晚，但已有许多人在相关领域开展研究，各项工作正逐步推进，构建起我国网络隐私权的法律保护体系指日可待。2016 年 11 月 7 日上午经表决，十二届全国人大常委会第二十四次会议通过了《中华人民共和国网络安全法》。该法将于 2017 年 6 月 1 日起施行。法律的出台不仅是落实国家总体安全观的重要举措，也是维护国家广大人民群众切身利益的需要，强化了网络空间的法制建设，将使网络空间清朗起来。《网络安全法》明确了网络产品和服务提供者的安全义务，进一步完善了个人信息保护规则。

第3章

言论自由和隐私权的冲突与平衡

网络信息时代，互联网成为人们行使言论自由权的一种新的途径，这种新途径颠覆了过去所有形式的传播方式，以至于互联网成了言论自由的标志。传统的、有影响的传播渠道，普通人很难发出声音，而现在不仅能发声，甚至能够依靠网络成为一代网红，一些人拥有的粉丝早已超过大多数报纸、广播的受众，其影响力不凡。而且，传统体制下的政府宣传监管部门在很长时间内面对网络的传播都不知道该如何进行监管。这些 BBS、微博、贴吧怎么管？管谁？谁管？这一系列问题困扰着官员们。一段时间以来，失去严格管制的网络成为网民的天堂。什么话都敢说。说谁都行。不高兴了还可以骂人。在一些人看来网络充分实现了理想中的言论自由。笔者一直以言论适度自由来要求自己，追求以自由的思想状态在学习的道路上探索光明，但笔者也知道自己的认识局限可能很难使笔者对问题认识全面，如果笔者放任自己的言论，就有可能因为自己的局限误导别人，所以有控制的发言是一种理性选择。

自由的言论不可能都是抒发情怀，赞美世界，总会有对具体人和事务的批判，谁也不能保证自由的言论都代表正确的判断和适当的表达，无论自由言论的对象是谁都可能因此蒙冤受屈。好在任何人和组织都很难完全自我完善进步，外部的挑战和刺激会激发组织和个人的进化，甚至说没有来自外部的挑战，哪有人类的进化。政府的管理优化也是在挑战中实现的，没有公民的自由言论，甚至可能是有些偏激挑剔的言论激励，就没有政府的进步，效率的提升。习近平总书记就此指出：“对网上那些出于善意的批评，对互联网监督，不论是对党和政府工作提的还是对领导干部个人提的，不论是和风细雨的还是忠言逆耳的，我们不仅要欢迎，而且要认真研究和吸取。”所以笔者认为在网络世界保障公民的言论自由，充分反映民意，强化公民监督，是推动政府工作进步的有效外部刺激，为整体社会的健康创造了良好的条件。

网络言论自由与隐私权的冲突

自由，包括言论自由在英美的价值体系中占据重要的位置，这种价值观在我国的影响自清朝起也逐渐盛行，清朝末年起，各种报馆的兴起，社会各种思想涌动就是重要的表现形式。这种言论自由的价值观在新中国得到认可，我国《宪法》第35条规定：“中华人民共和国公民有言论、出版、集会、结社、游行、示威的自由。”言论自由成为我国从宪法规范的角度做出的基本人权规定。党的十八大又确定了我国要依法治国，公民的言论自由应予保护，这是确定无疑的。在我国文化基因中就有着言论自由的冲动，历史上就出现过“百家争鸣”，但是过去的“百家争鸣”更多的是表达自己的政治主张、学术思想和理论观点，属于士大夫阶层的权利，可不是所有人都可以拥有的权利。一般民众对言论自由的追求远没有人人平等那么强烈。从陈胜、吴广起义时提出的“且壮士不死则已，死即举大名耳，王侯将相宁有种乎?”就可以看到追求平等是最基本的动力，到了近现代，中国社会才出现个人、团体自由表达自己思想、意愿的强烈冲动。

在长期的中国社会，言论自由更多地表现为舆论，主体就是街谈巷议，七姑八婆的小道消息。千万不能小看街谈巷议七姑八婆的小道消息的作用。在传统的社会里，舆论是维护社会稳定、维护道德秩序的有效利器，谁越雷池一步谁就可能被七姑八婆说成妖孽，再也无地自容。就算是贵为皇族，各种声浪也有可能短时间摧垮位高权重者。极端的时候，甚至出现鼓动民众造反的潮流。元朝末期，有人在河里挖到一块石头，石头上写着“石人一只眼，挑动黄河天下反”，就此轰轰烈烈的农民起义爆发了。多方、多种表达事实上影响着统治阶层的稳固，在我国的历史上常常会出现“焚书坑儒”“八股文”“文字狱”等抑制自由思想表达的现象，体现了“民可使由之，不可使知之”的思想，强调“防民之口甚于防川”。所以，统治者是不愿意看到言论肆意泛滥的，古代中国传统的治国手段之一就是实现思想上的控制，也就不难理解了。到了近现代，言论自由和言论限制还一直纠结着中国社会的发展。

在言论自由的问题上，历来争论很多，各种思潮涌现，我已经不想再一一叙述各个时期、各个学者的大家言论，我只想换个角度来谈谈我的认识。我一直认为，人类进步是人类组织化的结果，人类组织化程度的提高需要在组织形式上体现，同样也需要在组织内实现思想上的统一，否则这个人类组织就是一盘散沙，毫无竞争优势。如果将人类社会进化的历史看成组织化程度越发紧密的过程，其中社会存在自由的思想就是摆脱人类组织化束缚的必然存在，这种自由的渴望会导致组织化过程中的离心力，也就和国家、社会的管理层形成事实上的冲突。为了获得非颠覆性的稳定，国家、社会的管理层会适度开放一定的自由度给予渴望自由的个人和组织，但这种自由度绝不可能被国家、社会的管理层放大到无控制的绝对自由，否则这种自由会导致组织结构的严重溃败。在微观的企业层面，我们常常能看到，企业文化有优势、有凝聚力的企业，在市场竞争中就容易立足，就算其科技创造力一开始并不具备优势。一些看起来实力超群的企业，在内部出现各种不同意见并长期激化时，一个商业帝国就会随时轰然倒下。在国家层面也是如此，国家的意识不能有效统一，各种思潮左右冲突，这个国家就会日渐式微出现混乱。就像习近平总书记指出的那样，网络空间天朗气清、生态良好，就符合人民利益。网络空间乌烟瘴气、生态恶化，不符合人民利益。所以，人类组织拥有统一而有序的思想意志是组织具备竞争优势的保证。而人类追求自由平等的梦想从未泯灭过，而且追求自由平等是社会共同认可的价值观，包括马克思关于在工人阶级的论述中，号召工人阶级打破枷锁，也是为了追求自由和平等。所以组织的统一和有序与个人的自由追求是人类社会发展中相互矛盾和冲突的两种诉求，这种矛盾会永远伴随人类社会的发展。

现代互联网是改变人类社会进程的突变基因，网络的传播速度、信息的传播形式以及这种技术对社会发展的影响是颠覆性的。人类社会业已习惯的模式已经崩塌，十几年前，谁都难以想象传统百货零售业会因为电子商务的出现面临萎缩。现在很多人也不会意识到传统的银行将来会受到网络金融的冲击。一时间，快速发展的互联网搅乱了人们已经习惯的世界，人们欢腾、沮丧、迷茫，更多的人为互联网带来的信息而愉悦。互联网前所未有地打开了一扇门，随意的发言、点评、发帖，满足了人们传播的欲望，就此网络成为公民言论自由和公民权利实现的标志，很多人把网络定义为价值追求和文化多元化表现最为有效的表现形式和最广阔的言论自由平台。任何人都可以将思想和观点进行分享和传播，公民任何自我判断和情绪都可以表达。

公民通过互联网实现公之于众的权利和自由，可以说是一个现代国家的标志，因为任何一个国家都把公民的言论自由作为政治自由的标杆，这也是现代法治国家表现自己实现民主政治、人民主权重要的维度。因此，网络言论自由在许多国家就有了其赖以存在的理论基础、法律基础和现实条件。前文就写明了我国宪法要明确规定公民享有这种权力。从宪法的角度确立了言论自由的基本人权，体现了我国人民是国家的主人，确保了公民广泛地参与国家政治经济文化生活的权利，也是一个国家现代民主政治的体现。言论自由在社会秩序中扮演着稳定器的作用，也督促政府、社团、个人效率提升、遵循公序良俗，言论自由对权力、行为具有制约和监督功能。言论自由对于一个国家的意义绝不简单地是确保公民的基本人权，而且可以保证一个国家在复杂的国际竞争和国家建设中稳步发展。从某种意义上说，任何个体和组织都很难自我进步和进化，都需要外部的刺激条件存在，言论自由虽然在某种程度上表现为个人和组织的负效应，但从实际效果上促进了个体和组织的进步。对于政府而言，公民的言论和主张可能存在认识上的不足以及利己倾向，公民的言论自由有时表现为偏执、自私、烦琐、干扰，有如疥癣，甚至公民主张享有了解政府事务的权利，享有揭露和批评政府机构及其国家公职人员滥用权力的自由，会实质上影响公共权力行使的自由度，可能在一定的条件下导致自身的工作被动和受到抑制。所以政府往往不愿将自身的工作公开或全部公开，不愿任由公民言论自由过度发挥。此种现象就是在美国也是如此，美国政府和国会、新闻界、公众就此问题躲猫猫也是经历了一段很长的时间，而且到目前为止，并非将所有的工作置于舆论监督之下。这种政府工作与公民言论的矛盾和冲突从某种意义上促进了政府的进化，如果仔细比较几十年来我国各级政府工作效率和政府管理理念，大家就会发现政府的许多工作得到了改进，公职人员的服务态度和服务能力得到了明显的提高。

在互联网出现以前，一个普通公民想发表对政府的各种看法和建议非常困难，现在每个人都可以通过网络发表自己的言论，批评政府的工作或给政府点赞，形式上更加便捷。网络这个平台让每一个公民能够多方位、多角度地了解各类信息资料，经过思考后将自己的观点进行表达，在这个过程中，群体化的意见容易凝结汇聚，渐渐形成广泛的舆论压力，无论对机构和个人都会形成不敢忽视的存在，在国家政治经济文化各方面的监督和话语机会也就逐渐扩大，公民参与国家、社会、政治、生活的途径敞开了。社会经济发展程度越高，内在的竞争和压力就越大，各种矛盾和冲突就有可能在社会的剧烈波动中产生，社会发展中存在的压力既需要群体性调适，更需要适当的宣泄，方能保证社会系统的稳定。从长期角度看，在传统传媒条件不可能满足全社会每个人宣泄心理诉求时，网络就可以提供一个心理宣泄的场所，通过在网络上发表自己的不满或者真实诉求，揭示社会的某种现象，通过和其他人的交流，可以很大程度上缓解自己的心理压力，使自己的情感渐渐趋于理性。但是从短期看，这种心理宣泄会导致网络充满仇官、仇富、激进等各种类型网络垃圾，又会污染全社会的心理。但总体而言，适当的心理宣泄对于社会秩序的维护具有积极作用。虽然不断出现的舆情危机冲击着社会的稳定，但我们都知道“流水不腐，户枢不蠹”，从长期看，却是社会稳定的过程性因素。人们面对负面的信息也存在敏感度逐步适应的现象，一开始一个微小的负面信息都可能在全社会掀起轩然大波，但是各类信息长时间充斥网络后，人们发现有些信息背后可能有偏差，并非像开始报道的那样。比如“我爸是李刚”事件刚刚发生时，所有人都震怒了，但随着时间的推移，没有任何人能证明当事者说了这句话。大量的信息交叉影响后，民众的思维渐趋理性、辨别力增强、免疫力增强，各类舆情事件的破坏性也在减弱。

参与网络活动的人统称网民，一般人认为网民就是公民，保护网民的言论自由就是保护公民的言论自由。这个观点有明显的逻辑缺陷，参加网络活动的人有可能是一个团队、一个组织，甚至是更为复杂的形态，决不能和普通的自然人简单等同。我国法律保护的是公民的言论自由，没有规定保护任何形式非公民的言论自由。就算是一个自然人，也不能保证他是我国公民，谁也不能限制一个外国人在中国的网络上有活动，而中国的法律不会保护非中国公民的言论自由。另外，公民不是虚拟的，公民的权利也不能赋予虚拟的公民，而网络上用虚拟的身份发表的言论是否适用公民应享受的现实权利，在法律上是需要探讨的。

网络平台的言论自由在近年来争议较多、问题较多，它创新了言论自由的模式，拓展了公民言论自由的空间，同时各种诽谤、极端思想、低俗横行。在人们的思维中，“民意”“言论自由”都是完全正面的、进步的，长期从事传播研究的我其实并不这么认为。我知道民意其实是很容易被操控的，言论自由常常是失控的。被操控、会失控的东西怎么可能永远保持正确呢。现在有必要对民意和言论自由的认识、界限和尺度进行厘清，既要认清民意和言论自由的价值，确保公民权利得到有效的保障，避免出现不能言、不敢言的极端高压，也要避免过度失控的言论自由混淆视听，在思想上对国家、社会造成混乱。在社会的存在中，个体为了赢得其他人的关注，赢得社会的认知，常常出现通过对他人的批评来证明自己的正确性、合法性、权威性的现象，比如批评强者（这里的强者可能是政府、官员、行业内的权威）达到彰显自己的目的。又常常通过同情弱者来表达自己的爱心、正义，这种对弱者的支持甚至超越法律、超越真相，凡是弱者我就支持、凡是强者我就抨击。这种心态某种程度是逆社会正常秩序的，给既有的社会秩序带来扰动。从古到今，各种“民意”里都还藏着一些私货，为了某一集团、阶层的利益，故意散布一些言论，直接导致多方、多种表达影响统治阶层的稳固，因此，言论自由和言论限制一直纠结着中国社会的发展。当前，我国正处于社会转型期，社会各阶层、各群体之间的矛盾冲突凸显，负面情绪不断积聚和显现。在传统媒体垄断传播的时代，政府可以通过行政手段强势介入信息、思想的传播，全社会的矛盾和分歧会得到抑制，“非正统”公民很难有借助媒体直接表达自己观点和意见的契机。互联网传播表达意见、传播信息的门槛降低，形式上言论自由表达的特点切合公民表达诉求的意愿，人们压抑的情绪得以发泄，甚至有时表达超越传统道德和社会秩序所能承受的限度，出现群体性极化等现象概率增加，极化的意见表达演化为声势浩大的网络暴力常常出现。网络的匿名性、宣泄化、娱乐化、虚拟性为网络暴力的酝酿和产生提供了极佳的弹药支持，网络言论和行为尺度肆无忌惮，法不责众、踪迹难觅的心理助推极端言论肆虐。各类新闻媒体和从业者也在各自利益的驱使下，置国家和社会整体利益而不顾，单纯追求眼球经济，为网络舆情推波助澜。有些利益群体为了自己政治、经济利益的实现，精心策划网络传播，组成专业水军或刻意构建网络利益群体，有组织地传播各类信息，引导舆论动向，其对国家和社会的危害更大。

当前世界远比一般人想象的复杂，各种价值观念、各种主义交汇在现今的人类社会，各种极端的主义和激进的思潮采取各种手法，或明或暗地传播着自己的价值观，有些是打着宗教幌子、有些披着正义外衣、有些以合法活动为招牌，兜售着撕裂社会、仇视他人、敌视其他国家和群体的内核。特定地区和特定环境下，尤其通过互联网，极端思想往往与极端宗教、民族分裂和暴力恐怖交织在一起，利用现实社会必然存在的阶层分化、社会矛盾、经济危机，传播具有极强欺骗色彩的思想，利用世俗社会存在的困惑和失意制造阶层分裂，煽动民众仇视政府和精英，挑拨社会群体关系，曲解和滥用公平正义观念，放大社会矛盾，制造社会动乱。在任何一个国家的政府看来，极端的思想和言论都在政治上具有反社会的性质，可能存在邪恶的政治图谋，妄图推翻现政权、分裂国家和种族。所以，在任何国家的主流社会都保持对极端言行的警惕，比如在美国，任何宣扬种族歧视的言论都被法律所禁止。很多国家，加强公民教育，提高公民辨别极端言论的能力，防止极端思想蒙蔽网民和被灌输敌视社会、反对政府等反动思想及言论。在我国，这种威胁也存在，很多人容易被极端的思想蛊惑，甚至被敌视主流社会的思想胁迫和绑架，必须引起全社会的高度警惕。

网民参与网络活动是基于自己的兴趣、知识水平、逻辑判断、信息源、网络技术等，由于知识水平的限制，有可能无法正确判断对象的合理性、合法性，由于信息不对称，对事件的真相难以掌握，诸多的原因造成普通网民掌握信息的全面和观点的偏差。有些极端的思想，看似正义、正确，但是，如果站的角度高一点，理性思维多一些，就能看清其本来面目。然而一般公民的知识水平和逻辑思维能力不足以辨识，在大量、重复、高频次的信息环境中，就容易相信其科学性、正义性。如果错误的信息肆意传播，就会因为羊群效应被放大，造成对他人和社会的严重威胁。就如那些号召开展“人肉搜索”的事件中，出现的现象只不过是互联网时代的一个小的缩影，网络舆情错综复杂，这不得不引起我们的忧虑和思考。

之所以有以上的认识，是因为普通人在理解认识事物时可能存在一些不足和误区。我们认为很多事情眼见为实，我们采用公认的逻辑判断就可以得出真相，这真的就成立吗？有一次，笔者坐单位的班车，在和司机师傅聊天时遇到了堵车，这时司机师傅就指着忙碌指挥交通的交警说：“你看交警，他们一来就堵车！”我就说：“你为什么这么看呢？”他认真地说：“每次我看到堵车的时候交警都站在那里。”这位师傅的因果关系逻辑没问题吗？到底是发生了堵车，交警赶往疏导，还是交警的出现导致交通堵塞，真相可能不是那位师傅看到的那样。在互联网上，有多少人以为自己是看到了事实呢。还有，一个事物从不同的角度去审视、去阐释，得到的结果可能大不相同，我们在理解国家的战略时就可能没有国家的高度，在理解其他专业的问题时也可能有偏差，这些因素都可能导致我们的言论出现偏差。当网民的错误认识通过网络被传播就表现为任性和宣泄的特点，产生谣言、“人肉搜索”等现象，失去控制的网络甚至可能对网民的个人隐私权产生前所未有的威胁。

作为政府部门和公职人员，倾听百姓呼声，改进工作方法，提高工作效率是应尽义务，但是如果政府部门和公职人员在工作中过于顺从所谓民意，就会出现工作的混乱和低效。过去有个寓言故事：一对父子进城赶集，父亲骑驴，儿子牵着驴走。一位过路人看见后便说："这个当父亲的真狠心，自己骑驴子，却让儿子在地上走。"父亲一听这话，赶紧从驴背上下来，让儿子骑驴，他牵着驴走。没走多远，一位过路人又说："这个当儿子的真不孝顺，爸爸年纪大了，不让爸爸骑驴，自己却优哉地骑着驴，让爸爸跟着小跑。"儿子一听此言，心中惭愧，连忙让父亲上驴，父子二人共同骑驴往前走。走了不远，又一个路人见了父子俩共骑一头驴，便说："你们的心真够狠的，那么一头瘦驴，怎么能禁得住两个人的重量呢？可怜的驴呀！"父子二人一听也是，又双双下得驴背来，谁也不骑了，干脆走路，驴子也乐得轻松。走了没几步，又碰到一个老头，指着他们爷俩儿说："这爷俩都够蠢的，放着驴子不骑，却愿意走路。"父子二人一听此言，待在路上，他们已经不知应该如何是好。政府行政中也存在这样的问题，一个工作从不同的角度去理解、阐释，得到的结果是不同的，如果政府的工作完全按照民意来调整工作方向就会失去方向，变得无所适从。从这个道理上说，政府部门的工作要有自己的思路和安排，工作中结合民意但不能任由民意驱使。

言论自由和隐私权的法律梳理

当代的言论自由观可以分为"受限自由"和"无限自由"两种认识。受限自由的观点认为自由从来就不是绝对的，为了维护他人自由、社会秩序和整体利益，任何人的自由都应该在法律、道德、规则的框架下行使，超越法律、道德、规则的自由是有害的。但是许多人认为每个人都应享有不受任何人或组织干涉和限制的自由，并拥有可以拒绝他人限制和干涉的自由。如果受到干涉和限制就是被强制的，就是被奴役的，那么就是侵害了个人的言论自由。据此观点，有些人力挺个人享有无限自由，鼓吹自我控制和排他的权利。这种思想看似美好，但极其自私和任性，如果一个社会大多数人持有这种观点，就像被过度溺爱的孩子，不能顾忌社会秩序、国家利益和他人利益。进入互联网时代后，这种无限自由的思想和行为被网络的虚拟性放大了。

我并不反对言论自由，甚至认为言论自由很大程度上推动了社会的发展。在新中国成立之初，我们百姓的教育水平是极其低下的，文盲率之高在今天的年轻人看来是不可想象的，就算是受到一定的教育，整体国民的科学素养和理性思维能力也极为有限。而近年来在宽松的网络环境下，各种信息、各种思潮、各种观点反复涤荡国民的大脑，各种维度的信息无疑拓展了民众的眼界，提高了理性思维能力，这对于国家社会的进步是极大的促进。还有，笔者一直认为言论自由可以释放民众的压力，宣泄民众的情绪，随之而来的是整体社会压力的平衡，各种极端的隐患得以平复，这也是节奏压力巨大的现代社会必要的润滑剂。但是，笔者不认为网络的舆情也好，言论自由也好都是百利而无一害的良药。依托互联网的意见表达是一把双刃剑，实现个人自由同时也可能因为网民的“任性”，对他人的隐私和合法利益构成威胁。

言论自由作为世界范围内普遍认可的人权，在《世界人权宣言》中就体现出来。《世界人权宣言》是经过世界各国的协商，通过联合国大会于1948年12月10日颁布（联合国大会第217号决议，A/RES/217）的一份彰显世界共同认可的人权价值，旨在维护人类基本权利的重要文件。虽然《世界人权宣言》并非强制的国际公约，但是它为《公民权利和政治权利国际公约》和《经济、社会及文化权利国际公约》两份具有强制性的联合国人权公约做了铺垫，在世界人权领域具有广泛的影响力。关于言论自由，在《世界人权宣言》中有许多规定，诸如第19条规定：“人人有主张及发表自由之权；此项权利包括保持主张而不受干涉之自由，及经由任何方法不分国界以寻求、接收并传播消息意见之自由。”这样的主张纷纷被许多国家引入自己国家的宪法和法律。《中华人民共和国宪法》第 35 条规定：“中华人民共和国公民有言论、出版、集会、结社、游行、示威的自由。”这也契合了《世界人权宣言》的主张。以上可以看出，无论是世界范围内公认的价值标准还是我国的根本法都给予言论自由明确的法律地位。但是，决不能理解这种言论自由是没有限制的绝对自由。《世界人权宣言》第 29 条规定：“人人于行使其权利及自由时仅应受法律所定之限制且此种限制之唯一目的应在确认及尊重他人之权利与自由并谋符合民主社会中道德、公共秩序及一般福利所需之公允条件。”《公民权利和政治权利公约》也有相关规定，简而言之言论自由不是口无遮拦。

美国的法律体系虽然规定了公民自由发表言论的权利神圣不可侵犯，但也表现出言论的责任边界，不是意味着公民不受限制、任性、无所顾忌。从查询到的资料表明，美国法律上对言论自由有系统的规定。一是，言论自由权的范围及应用有其时间性。最高法院对言论自由的解释采取“优先主义”，这种优先是相对其他一般性权力而言的。例如，在平时当言论自由与财产权冲突时，则以言论自由为先。在战时则采取“逐案弹释主义”，如战时宣布戒严、限制民权等。二是，言论自由权的法律边界对所有人都是刚性的，言论自由法律的解释权在联邦最高法院，个人不得自己释法执法，或择法而从。三是，法院在解释言论自由权时根据美国的国情、利益、社会价值，而不是按照世界标准或哪个国家标准，即符合美国利益。四是，最高法院在解释法律做出裁决时采用多数决定原则。一经多数裁决，少数服从多数。少数人可以言论自由表达但必须服从多数的决定。五是，重要的原则是不追求用一个定理或公式来笼罩所有有关言论自由的案件，而是逐案依其案情来平衡个人利益与公共利益的争执。

由于价值观不同，有些文章对美国的言论自由有夸大的，也有贬低的，美国事实上对言论自由做出了规定和限制。中国旅美学者杨日旭列举了美国宪法和法律不保障的 18 种言论自由情形，可供大家参考：①没有亵渎国旗、国歌和国家形象的言论自由，②不可以有危及公共安全的言论，③不可以有引发社会恐慌的言论，④没有扰乱学校教学秩序的言论自由，⑤没有造谣诽谤的言论自由，⑥没有妨害他人合法权利的言论自由，⑦不能以言论自由或集会自由妨害国家安全和社会秩序，⑧监犯的言论及集会不得影响狱政安全，⑨对军人的言论自由受到限制，⑩军事基地不是候选人行使言论自由的场所，⑪没有辱骂他人因而招惹冲突的言论自由，⑫没有宣扬种族歧视和极端思想的自由，⑬咆哮法庭的言论不受保障，⑭议员言论免责权所不保障的言论自由，⑮没有违背契约而泄露国家机密的言论自由，⑯淫秽、暴力内容不在言论自由权保障之列，⑰诈欺性的商业广告不受言论自由的保障，⑱毁谤他人和组织的言论不受保障。[①]

从美国现实国家管理中可以看到，公民的言论自由并不是绝对不受限制、可以任性妄为的。任何公民实现言论自由权利的前提是对国家社会的一种责任，并且不得侵犯他人的权利。根据《世界人权宣言》的规定，任何国家政府负有对公民表达自由进行法律限制有效性的举证责任，各国都会基于国家安全社会稳定和保障他人权利进行举证，因此任何国家政府实际上在法律层面都承认公民言论不得侵犯，但都会给言论设定边界。我国《宪法》第 51 条规定："中华人民共和国公民在行使自由和权利的时候，不得损害国家的、社会的、集体的利益和其他公民的合法的自由和权利。"即行使言论自由权利时要衡量公共利益、他人权利、国家利益的实现因素，最终确定合法权利的范围。一般限制因素的表达为：公民不得以维护自己的权利损害国家、社会和他人利益，不得散布煽动、蛊惑分裂国家、颠覆政权、族群仇视、社会割裂，以及进行其他危害国家安全和社会稳定的言论；不得散布有损公共利益和扰乱社会公共秩序、暴力淫秽、破坏公序良俗和伦理道德的言论，同样不得影响他人权利的实现和保障。

在他人隐私权的问题上，同样不得以自己的言论自由损害他人利益。从而，面对当前网络信息传播中的混沌现象，每一个人都要厘清网络言论自由的法律界限，公众任何权利的行使不是绝对的，而无丝毫的责任和法

---

① 杨日旭：《美国宪法上的言论自由并非绝对的权利》，《中正日报》1986 年 12 月 5 日。

律界限。也只有对全部公民的权利进行必要的限制，才可能从根本上保障每一个公民的权利实现。在前文中，已经阐述了国内外法学界对隐私权的认识，得到的共识是公民对个人信息及信息的处置与决定是公民应享有的宪法权利。关于言论自由和隐私权保护问题，在宪法地位上应该是同等地位的公民宪法基本权利，这在许多国家的宪法中已经明确。典型的如 1983 年《荷兰王国宪法》，其第 10 条规定：①在法律许可的框架下，公民私生活享有受到尊重的权利；②议会制定法令以保护个人隐私权利的实现；③个人有权查询知晓本人的数据被记录情况、数据使用情况和拥有修正错误数据的权利。当然，在现实中会出现一些矛盾和冲突，比如与言论自由一样，公民隐私权也不是无限保护。但隐私权的界定范围有一定的困难，目前我国法律体系只提供了一个原则性的框架，未能明确具体的边界和将其作为独立的权利给予规范，但在《宪法》《民法》《刑法》《行政处罚法》《治安管理处罚法》《行政许可法》《未成年人保护法》以及诸多专门法律和政府规章中有相应的表述。而且我国已经制定了一些法律来规范他人可能对隐私冒犯的行为细则。但随着网络技术的迅猛发展，相关法律显然已滞后，面对纷繁复杂的网络现象和行为，需要为无辜的公民提供及时有效的保护和指导。在面对具体案例时，需要由法官针对个案来量刑适用并解释相关规则，由此带来法律的适用和量刑具有较强的主观性和不确定性，甚至法官在一些案件中不得不采用法外标准来代替法条。

新闻监督权的规范

在隐私权的问题上，不仅仅是个人的言论可能触及他人的隐私，一些组织甚至新闻媒体和新闻从业者也可能触及他人的隐私。现代新闻行业竞争日趋激烈，传统媒体的生存都面临竞争，为了获得更多的生存空间和新闻话语权，新闻媒体和从业者尽可能拓展新闻来源，甚至可能就是通过网络上非新闻从业人员发布的网帖、微博、博客获取新闻素材，这样就能更便捷地获取新闻资料。新闻媒体还会追踪其他媒体的新闻报道进行延展挖掘和追踪，这促使新闻报道的生成过程和以往大不相同。网络上涌现的新闻素材真伪难辨，常常发生多家媒体的新闻刊发后才发现是假新闻的尴尬。还有可能在匆忙中，新闻稿件涉及他人隐私，从而带来了法律和新闻道德风险。近年来，由新闻报道引起的隐私权官司日益增多，尤其是新闻从业人员涉及的案件数更多。当然，其中存在对公职人员的新闻报道中涉及的名誉权、隐私权案件，在这个环节就不深入讨论。为什么新闻报道常常会突破隐私的尺度，一方面公开某些国家公职人员的贪污受贿、道德失范、违法乱纪等行为中的隐私信息后，常能引起公众兴趣和社会广泛的关注；另一方面，政府的重视程度也随之上升，可以加快政府跟进调查、处理的进度。有时，政府机关公布的信息也存在触及公职人员隐私的问题，比如说，公布某一官员涉及腐败，将其私生活公开，这种做法对涉事人员的名誉打击极大，可以起到警示其他人员的作用，但是其合法性欠妥。其一，在法院没有审理的情况下就予以定性不妥；其二，就算是违法，其也享有隐私权利，这种“游街式”的信息通报值得反思。

对于正规的新闻媒体和正式的新闻工作者，一般都会进行新闻报道如何规避涉及公民隐私的培训，之所以偶有在新闻中涉及隐私的情况，大多是记者职业意识不强，审核把关不严造成的。而当下，单位自办网站、拥有微博、公众号等自媒体盛行的情况下，发布的信息就有可能涉及隐私。笔者熟悉的一个省直机关，在一次房产情况公示环节中就将全单位所有员工的身份证号码、详细居住地址、婚姻状况、配偶姓名和单位等个人信息公开，这种信息的公开就侵害了员工的隐私权利。这种正常工作中出现问题就是工作人员没有相关的意识。就算是工作要求公示的信息也存在公示范围和公示内容的界定，如果相关信息经过处理并且加密（当然在应知范围内公开解密方法），就可以实现工作要求和隐私保护的均衡。

我国宪法体现了公民参与政治的权利，《宪法》第 41 条明确规定了公民对国家机关及其工作人们享有监督权，其中包括批评的权利、建议的权利以及申诉、控告、检举的权利，实现以上权利的有效途径就是新闻监督。为了更规范地行使新闻监督权，世界上大多数国家已制定了专门的新闻法，对于新闻监督也在法律中做出了规定。对于在近代中国实施新闻监督权的意义，梁启超是较早提出新闻舆论监督的人，他认为新闻舆论监督具有国家强制力和国家监督机制所没有的优势。现代共同认可的新闻舆论监督就是以事实为依据、以法律为准绳，对政府及其公职人员的政策、方针、品行、权力运行等进行评议和报道的行为，以达到影响公共事务决策的活动。我国新闻监督的立法工作也在酝酿、起草和讨论中。在我国现有的法律和司法解释中，对新闻监督的地位、作用和权力做出一系列的规定，如新闻出版署 1990 年出台的《报纸管理暂行规定》中，对报纸的管理和职能做出规定的宗旨之一就是要发挥新闻舆论监督作用。在《最高人民法院关于审理隐私权案件若干问题的解释》中规定了新闻单位的免责条款，如果媒体根据国家机关发布的公开信息或行使职权行为做出客观准确报道，即便涉及当事人的名誉也不应当认定为名誉侵权。有些同志可能认为媒体拥有新闻监督的权利，就可以进行相对尖锐敏感的信息披露。事实上，如果站在更高的角度，新闻舆论监督不仅是以事实为依据、以法律为准绳，还应该以国家利益和社会秩序为考量。记得新疆乌鲁木齐 7·5 事件，2009 年 7 月 5 日 20 时左右，乌鲁木齐市发生打砸抢烧恶性暴力犯罪事件，造成了大量无辜群众的死伤和国家公民财产的巨大损失，直接危及国家安全和社会稳定。事实表明，这是一起由境外极端民族主义分裂分子遥控指挥、煽动，境内极端民族分裂分子响应实施，有预谋、有组织的恶性暴力犯罪。虽然事态得到了有效控制，但教训是深刻的。把视线拉长到 2009 年 6 月 25 日，在广东韶关旭日国际有限公司发生新疆籍工人和其他工人殴斗的事件，当时的新闻媒体没有意识到其可能带来的不良影响，将视频、文字报道公开，而这个时候，新疆民族分裂分子借机渲染仇视情绪，通过互联网、移动通信等多种渠道煽动策划闹事，鼓噪“要勇敢一点”“要出点大事”借机煽动暴乱。所以新闻报道也需要树立全局性战略眼光，并不是因为是事实就可以轻易公开。

公民监督权与知情权

公民对政府及其工作人员的公务行为进行监督，提出批评和建议是公民的法定权利，有人说现在公民通过网络平台实现公民的监督权利的方式叫作网络监督权，这种说法其实是不准确的，网络仅仅是渠道和平台，公民行使的还是公民监督权。监督权是现代国家公民的一项重要的基本人权，在我国公民法定享有该项权力。公民网络监督权只不过是借助网络的特殊性和表现形式拓展的更为广阔的空间。传统的公民监督权的行使分为直接监督和间接监督两种方式，公民既可以通过行政复议、听证、要求信息公开、行政诉讼等途径实现，也可以通过人大代表、信访、新闻等途径对政府及其公职人员的公务行为进行监督。监督权作为公民一项基本政治权利，可监督的范围是广泛的，但是无论是监督主体还是监督内容，通过网络行使监督权的实质是不变的。

网络平台的高效、便捷深受民众喜爱，近年来公民政治参与热情大增，公民敢于揭发丑恶现象，打破了传统监督方式的局限性。过去公民只能通过到特定的部门和特定的渠道表达对政府部门及其工作人员的不满，检举不法行为，其程序复杂，效率低下，网络监督的特性打破了传统的监督方式的局限，而且网上发帖造成社会舆论大范围的关注，有关部门被迫跟进调查，拿出具体解决方案，以此期待可以得到满意的处理结果。2016年5月北京昌平发生的雷阳案件就是典型的现象，这种现象又被称之为网络上访。在网络监督面前，任何一个层级的部门和官员都可能成为监督的对象。曾经有一个纪委系统的同志对笔者说：“有人笑话我们纪委监督不力，办事效率还不如小三在网上发一个帖子呢！发一个帖子，当事官员肯定下班。”回顾一下，近年来，杨达才、房叔房姐等一系列官员因为网络监督的出现而被处理、罪责。但是，一些人打着行使监督权的名义在网上诬陷诽谤，煽动群众，无限人肉，实质上侵犯了当事人的隐私权利，超出了正当的公民监督权力范围，这不得不让我们警醒。当然，网络监督的表现方式较传统监督方式更为直接和多样化。传统监督可能需要经过复杂的程序才能实现，而互联网的发展可以使公民直接成为监督信息的发布者，通过在互联网发表文字、图片、视频等方式直接传递信息，微博等平台转发、评论成为监督信息的中转站和扩散渠道，使监督信息在极短的时间内大范围传播，从而加大信息的影响力。近年来，涉及政府及其公职人员的网络舆情频发，就是基于这种原理。而一些政府部门和公职人员自建网站、政务微博、认证微博，一方面为公民提供了表达诉求的途径，便捷沟通民众，实质上也推动了舆情的扩散，其结果是一般公民更加希望通过网络行使监督权利、传递诉求。

网络监督的轰动效应以及时效性和便捷性使越来越多的公民开始谋求通过网络表达来实现自己的监督权利，公民对公共事务了解、议政，进一步强化了表达意愿，公民的意见表达对政府行政合理性和效率的提升、社会建设的良性发展发挥了促进作用。从某种角度看政府的行政行为时，其惰性和任性是内生性顽疾，一个领导头脑一热就可能出台一个新政策，一个公职人员心情的变化就能产生不同的办事效率。公民的监督有力地规范化和约束了政府及其公职人员的惰性和任性。我国是人民民主专政的国家，宪法赋予了公民对国家公权力评价、监督和制约的权力，全方位的监督和制约减少了政府内生性缺陷带来的权力任性、行政惰性和腐败滋生，催促公权力围绕合法高效地为社会公众服务。网络言论不仅仅是监督权力的实现，也是政府与民众更广阔的空间的沟通的实现。许多矛盾的产生是公众不了解政策出台的背景、意义，也难以站在政府的高度审视公共事务决策，政府及其公职人员公务人员通过网络阐述行政决策的理由和原因，与公众直接对话释疑解惑，把可能产生的矛盾化解，赢得更多公众对政府政策的支持，同时在沟通中政府的政策可以在公众的建议下优化。对于一般公民而言，非常乐于见到自己的意见转化成政府的政策，一旦政府表明某一政策是某些公民的建议，这些公民对政策的支持力度和热情就会空前高涨。因此，聪明的行政者会将自己的决策以公民的意见进行表达，从而使政策的执行更为顺畅。在沟通的过程中，注意沟通技巧，就会将政府与公民之间的对立情绪转化成一种情感，有了情感的确立，公民对事情的判断就会出现转化。中国有句古话“爱屋及乌”，很多人对事情的判断是基于情感的因素，有了对政府以及公职人员的情感，百姓还会轻易上街“散步”吗？还会公然与政府对立吗？恰恰相反，会主动对不配合政府工作的人进行劝导，所以说，网络监督和网络表达并非都是洪水猛兽。

我国对腐败问题的重视和治理力度可谓有高度、有深度，高层的决心很大，但现实是，腐败在过去一段时间持续高发，甚至有亡党亡国的担忧。党的十八大以来，中央领导集体高度重视整风肃纪、党风政风建设和反腐败工作，习近平总书记从党和国家事业发展全局出发发表了一系列重要讲话，全面深刻地阐述了党风廉政建设和反腐败斗争的重要性，对全面推进党风廉政建设和反腐败斗争做出了新的部署，充分体现了党要管党、从严治党的坚强决心，体现了我们党直面问题、解决问题、始终保持党的先进性和纯洁性的政治勇气。腐败是各国政治活动中都存在的问题，我国也不例外，为此我国建立的反腐制度不在少数，但是，为什么腐败还易发高发？要明白一个社会性、人性的管理很难从制度层面完全解决。对于热衷于通过制度建设来实现管理优化的人可能不同意笔者的观点。许多单位热衷于制度建设，好像制度越多越细，管理就越有效，如果没效果就从制度执行严不严格层面去探求原因。其实，我们可能就此陷入制度误区和制度依赖。一则制度建设往往滞后于现实的发展和变化；二则有些人可以通过研究制度漏洞实现制度规避，制度就形同虚设；三则在管理不严或腐败成本与腐败收益比例过低时，有些人经过权衡，大胆越界并非不可能。有人可能说，强化制度执行和从严惩罚违反制度的行为就可以解决问题，那就可能出现广泛的创新不足、懒政怠政、不愿担责的现象。所以说要想通过制度的建设解决所有问题只能是一种理想。一个合理有效的制度设计，加上宽泛的民众监督，反腐的问题就容易解决。公民通过网络监督的手段，通过微博、微信曝出官员贪污腐败、行为失范的事件，既给当事人形成强大的威慑也可以警示他人，发挥有效预防腐败的作用。

有人欢呼网络彻底赋予全体公民监督的权力时，我们反而要冷静思考。说到对网络监督需要用理性辩证客观的眼光来审视，就要分析由于网络的开放性、虚拟性以及匿名性特征，被隐匿真实身份的网络行为就呈现出弱责任性特点，因此产生为了宣泄私欲而传播的虚假、诽谤信息，事后相关部门和个人很难确定信息的发布者，难以追究具体人的责任。这种弱责任一方面有助于公民意见的真实表达，对强势部门和人群敢于揭露，不再忌惮可能遭到的打击报复。就像在单位里评价领导时，如果实名评价领导，很少有人会说出领导的缺点，但是匿名评价领导时，有人就会不客气地给领导一个差评。但是弱责任的言论会导致言论本身的客观性和真实性不可信。一些人隐匿在虚拟网络背后，对他人大肆谩骂、毫无根据推测，甚至因为其个人不当利益的受损，对正常行驶职权的公职人员进行人身攻击、曝光其隐私和诽谤，并煽动不明真相的网民围攻，给当事人造成了严重地侵扰，同时也败坏了社会秩序，突破了道德底线。故而，弱责任的言论带来的负面影响是需要大家重视的问题，因为我们每一个人都可能是受害者，成为网络污秽氛围的罹难者。在网络虚拟的世界里，任何阴暗的心理和动机都可能藏匿其中。谁在监督？为什么监督？我们都搞不清楚。就像比斯坦纳的漫画里两只坐在电脑前的狗一样，在互联网上，没有人知道对面是不是一条狗。在当今世界，除了在特殊平台上需要进行实名制注册以外，大多数网络平台是可以匿名注册的，也就是说当公民在网上发表言论时，可以将真实身份隐匿起来。匿名性是一把双刃剑，一个人在网络发表言论时就可能抛弃他应负担的客观公正和社会责任，这种道德约束和责任意识的缺失会打开一个魔盒，多邪恶的意识都会爬出来作祟，发表信息的真实性无从考证，言论的危害不去顾虑，甚至借着行使公民监督权的旗号，超越法律，窥探国家机关秘密和公职人员的隐私，损害政府官员的形象，撕裂社会，制造阶层对立。

在合肥曾经审理过一个全国关注的案件，如果在案件的审理中，公民关注工作程序合不合法，案件审理合不合法，这都属于正常的合法范围，但是在网络上有人公布了参与案件审理的当事法官的妻子、孩子的姓名，家庭详细住址，甚至孩子所在学校、班级的详细信息，这种信息的曝光就明显侵害了公职人员的隐私，不再属于正常的网络监督，危害了当事公职人员的合法权利。所以，对于网络监督的现状，需要用理性、辩证、客观的眼光来看。当然，今后网络监督这种形式是社会发展的方向，如果有公职人员还不能充分认识其威力，笔者就问他一个趋势问题：当今世界，有哪几个行业受互联网冲击最大？我们可能会举出一个例子：传统百货零售业受电子商务的冲击最大。还有人说传统银行受网络金融的冲击最大。是的，现在零售业的实体店生意不好了，银行的利润今后也可能大降，甚至今后许多传统的银行要转型破产。很多人都还没有意识到今后我们的政府公职人员受到互联网的冲击将是颠覆性的。在传统社会和官场文化中，公职人员可以假公济私、权力互惠，可以态度傲慢，可以忘乎所以，现在一切都将结束了，公民通过互联网的监督意识觉醒，会毁掉你所有的“幸福生活”。你接受宴请出去吃饭可能被拍，公车私用可能被传到网络，你态度傲慢可能被录音录像，你的奢侈的消费信息可能被收集公布，所以说互联网时代颠覆的还有这些官员的“幸福梦”。

在现实当中，一个公民的知情权难免会和其他公民的隐私权相冲突。公民的知情权是公民对于国家政治参与的基础、监督权实现的先决条件，公众知情权也是政府治理和行政透明度的要求，知情权是监督政府公共权力运行的有效手段。在理解公民知情权时，有人认为公民有权知悉、获取政府部门及其工作人员的全部信息，可以探知、获取其他人的隐私信息，尤其是政府官员的隐私信息。但也有人认为公民知情权涉及的范围是公民“可知应知”的范围，也是有限权利。在法律地位上，宪法赋予公民知情权是通过公民具有监督权利而表现出的派生权利。《宪法》第二十七条规定：“一切国家机关和工作人员必须依靠人民的支持，经常同人民保持密切联系，倾听人民的意见和建议，接受人民的监督，努力为人民服务。”“中华人民共和国公民对于任何国家机关和国家工作人员的违法失职行为，有权向国家机关提出申述、控告或者检举的权利。”宪法并没有规定公民可以主张政府部门全部信息的获取，但相关法律赋予公民可以就某些事项申请政府信息公开。同样，法律没有允许探知其他公民的隐私信息的自由，以公民的知情权为由侵害公职人员隐私权，在法律上是不成立的。因此，在衡量两个权力冲突时，不能以公民知情权来损害公职人员的隐私权。这里还体现法律上尊重他人人格权力的原则，即公民行使知情权及新闻自由、言论自由时，不得以损害他人人格权力为标准。当然，在立法和司法中还有一个原则，即公共利益优先原则。当面对国家安全、社会稳定等公共利益时，法律的适用会以公共利益的实现为侧重。就算是在提倡保护个人权利的美国，其个人隐私也会经过授权程序，让位于公共利益。同样的道理，处理好在公民知情权与公民隐私权之间的平衡和权力边界，在不损害当事方的隐私权的前提下，才能获得合法的知情权保障。

网络审查

舆论监督是公民和各类组织对政府和公职人员发表意见和评论的监督表现形式，舆论监督对于限制公权力滥用、规范公职人员行为有着极为重要的现实意义。纵观全球公民监督权近几年的发展，各国政府开始把利用信息技术看作是促进行政变革的重大机遇和挑战。顺应网络监督的潮流，加强政府与公民的沟通，积极接受公民的监督，制定法律，采取措施，规范公民行使权力的行为，以控制和屏蔽违法内容和不道德内容在互联网传播，由此形成各国的网络审查制度，也就是以政府或行业组织为控制在互联网发布并采取的一系列措施和政策。政府和行业组织对于网络审查的主要理由：国家安全、色情暴力、恐怖、知识产权、政治与权力和社会规范。比如新加坡是制定专门网络管理法规的典型国家代表，该国于 1996

年7月15日通过了《新加坡网络管理办法》，在该办法的基础上，陆续公布了《网络行为准则》《网络分级授权制度》《网络内容指导原则》一系列法律，形成了该国系统规范公民在网络环境下必须遵守的各种行为规则，界定了网民网络行为的最低标准。在一系列管控的法律中，既给予公民网络权利的保障，又对其行使进行了严格的限制。在欧洲，德国于1997年出台了全世界第一个“网络成文法”——《资讯与通讯服务法》，此法用于解决网络传输存在的违法内容。澳大利亚西澳省在1995年11月通过《检查法案》规定通过网络传输的内容责任划分。就算是美国这样崇尚自由的国家，其网络监管也是非常严格的。在美国，涉及政府以及政府高官的资讯发布都受到监测，就算媒体打着新闻自由的旗号，政府也会以涉及国家秘密进行司法诉讼和行政干预。针对网络暴力色情、恐怖资讯、欺诈恐吓可能引发的问题，美国议会以及联邦各州近十几年来相继出台了多部网络监管法案，特别是涉及未成年人保护的法案以及保护公民隐私信息的法案。美国社会心理学家库尔特·卢因于1947年就提出新闻制度“把关人”的概念，他认为能够有资格被传播的信息必须符合把关人的审核，或在传播渠道中符合社会价值规范。在网络监管的问题上，美国大多数人认为应该有人或组织承担网络传播“把关人”的角色。

在我国，网站工作者通过收集、编辑、审核、制作、删除等一系列手段来实现对所负责的平台传播信息的控制，确保对事件报道所发布出来的信息都是经过核实调查的，都是客观公正真实可信并合法依规。在网络世界里，不能缺少信息“把关人”把关，任何网络中传播的信息都应经过审核和监督。就算是微博、博客、朋友圈传播的信息同样应接受把关，对于管理这些网站的负责人如果没有履职尽责，就应承担相应的民事、刑事责任。从以上可以看出，各国将公民网络监督权纳入法律保护，同时也对网络行为进行严格规范。在法律建设方面，我国于1996年2月制定了《中华人民共和国计算机信息网络国际联网管理暂行办法》，该办法规定计算机信息网络必须使用当时的邮电部国家公用电信网提供的互联网国际出入口信道。任何单位和个人不得另行建立或者使用其他信道进行国际联网。为了规范互联网信息服务活动，促进互联网健康有序发展，经国务院第

31 次常务会议通过，2000 年 9 月 25 日公布施行了《互联网信息服务管理办法》。为了维护互联网新闻的真实性、准确性、合法性，2000 年 11 月 6 日国务院新闻办公室、信息产业部发布了《互联网站从事登载新闻业务暂行规定》，规范互联网站登载新闻的业务，其中明确了一系列的禁止性规定，如互联网站登载的新闻不得含有下列内容：违反宪法所确定的基本原则；危害国家安全，泄露国家秘密，煽动颠覆国家政权，破坏国家统一；损害国家的荣誉和利益；煽动民族仇恨、民族歧视，破坏民族团结；破坏国家宗教政策，宣扬邪教，宣扬封建迷信；散布谣言，编造和传播假新闻，扰乱社会秩序，破坏社会稳定；散布淫秽、色情、赌博、暴力、恐怖或者教唆犯罪；侮辱或者诽谤他人，侵害他人合法权益；法律、法规禁止的其他内容。此后工信部等部委还陆续发布了一系列规范性文件，如工信部于 2010 年 2 月 8 日制定了《工业和信息化部关于进一步落实网站备案信息真实性核验工作方案（试行）》，要求："基础电信企业和各接入服务商在向通信管理局提交网站申请备案之前，要对主办者身份信息当面核验、留存有效证件复印件，要对网站主体信息、联系方式和接入信息等进行审查。"一系列法规织成了我国互联网规范管理的大网，对规范互联网信息服务活动、促进互联网健康有序发展提供了有力的保障。

纵观我国的历史，当前是国民言论最为自由的年代，互联网赋予了中国国民更多的话语权机会，成就了难能可贵的舆论场。国民有了更多的机会实现言论自由，对政治的参与有了便利条件，对政府和公职人员的监督有了依托，但我们应该清醒地珍惜机遇，不能因为网络匿名性和弱责任性，将网络作为宣泄私愤的平台法外之地，滥用其言论自由的权利。习近平总书记指出："我们要本着对社会负责，对人民负责的态度，依法加强网络空间治理，加强网络内容建设，做强网上正面宣传。"就算是行使监督权也要规范地行使，所有的国民都应该有一种责任，全社会各界协调配合，基于我国的社会文化实际情况，有序推进中国的进步。所以，任何公民网络监督权的行使都应坚持合法性原则和适度原则，兼顾各方利益的平衡。合法性原则自不去阐述，而适度性原则是要求国民应该明晰任何事物都应当在一个限度内实现，就算是正确的意见，过度强调都可能出现负面的作用，任何过度理想化的设想都可能在现实中产生危害，只有把握好事物的度和量，才能在现实中获得最佳效果，一旦超过限度，就会向对立面发展。

第4章

国家公职人员隐私的限度和伦理

对于普通公民的隐私提出高规格的保护，公众容易接受和支持，而一旦涉及国家公职人员的隐私保护，公众就纠结许多。有些人以复杂的心态提出苛刻的要求，主张让国家公职人员全部公开隐私，这显然不可能。本身“全部”这个词就是不可能，难道公职人员穿什么内裤都要告知天下吗？一般认为国家公职人员天然具有的公民身份享有的隐私利益具有不公开隐私的合理性，而职业角色依附的公共权力使其身份就具有公共性，就有了与公共利益实现的关联性，也就有必要规定一定的公开性。在此就出现国家公职人员双重身份性质产生的隐私保护与涉公信息公开的冲突，基于公共性所形成的公开性要求与其公民身份而依附的隐私保护权利互为反向，国家公职人员的公共性与个体的公民人权又不可替代，因此，这两种互为反向的要求又都有存在的合理性和正当性依据。

国家公职人员的隐私是什么

国家公职人员是指在国家机关、国有企业、事业单位中承担公共事务工作的工作人员。各国家国情不同，对国家公职人员的界定也有所不同，有些国家将政府临时性委托执行政府职能或办理政府事务的人员也视为公职人员。一般国家的国家公职人员概念是由两大类人员组成的，即政务官和事务官。凡经选民选举产生的或经过相应程序由国家机关任命的人员，一般被称之为政务官。经过文官考试录用或按照制度选用的人员为事务官，也称文官或国家公职人员，这种制度设计类似于我国的公务员制度但又有所不同。我们国家在较为特殊的制度安排下，国家公职人员的范围远比一般国家的定义宽泛。我国的国家公职人员是指各级国家机关、国有企业、事业单位中的工作人员，是行使国家权力或执行国家赋予的职责，既有党务人员、公务员，又有事业单位，还包括企业人员，因此经常会和“国家工作人员”混淆。在大多数人的理解中，国家公职人员与国家工作人员概念相同，他们都在领取相应的国家财政或国有企业发放的报酬。

国家公职人员长期或临时担任某种公职，形成了社会职能上与普通公民的区别，但国家公职人员本身是公民，其公民的权利并没有失去也必须保护，这就是世界普遍对公职人员隐私理论的二分法，也就是在私人领域与公共领域对应表现为公开性与隐私性的协同。纯私人领域的事项可以被允许为隐秘的，而涉及公共事务领域的隐私信息则一般是可以公开甚至是必须公开的（比如公职人员的财产事项）。笔者有一次和一个官员进行交流，他提出公职人员都是人民的服务员，人民公仆为什么还要他们公开个人的信息，是不是对领导干部的不信任。笔者对他说，你认为你是人民的公仆是对的，但是公仆会不会偷主人的东西，主人可不放心，你把你口袋掏出来看看有没有属于主人的东西，主人就放心了。国家公职人员的权力从实质上看，是在国家行政架构中法律许可的框架下方能掌管和行使某种公权力，公权力的行使是以公共目的实现为宗旨的，否则公权力的合法性合理性就不存在。虽然，每个公职人员入职时都要经过严格筛选，个人素质和品行必须得到认可，但人性有自私、贪婪的一面，满足自身欲望是人性的基本特征。另外权力会成为各方追逐的目标，各种诱惑、圈套都会考验脆弱的人性，谁敢保证在金钱、美色、利益互换的诱惑下不会超越底线。而防止公职人员超越底线的方法之一就是隐私信息适度公开，也就是把口袋掏出来看看，没有藏匿不是自己的东西。没有公开性，把“为人民服务”“廉洁自律”等口号叫的震天响都可能只是一句空话，公权力所谋求的公共利益目标就没有公信力。许多腐败官员在事发前往往高调宣扬自己的廉洁，要求其他同志自律，当他们被调查被处分后才发现他们早就烂透了。在这些干部一步步走向腐败的过程中，就发现权力没有约束，信息没有公开，才让他们敢于一次次滥用权力。其实人性逐利的本性是相同的，就算不追逐经济利益，不追逐名誉，不追逐个人偏好，行使公共权力也要受到约束，人性方可被约束，逐利的本性方能回归公共事务的轨道。

在乔治·弗雷德里克森表述公共选择理论时就提出：公职人员行为的唯一动机“就是为了从担任公职中得到收入、声望和权力；政客从来就不把公职视为执行公共政策的手段，他们唯一的目标就是从担任公职中得到好处。他们把公共政策纯粹视为实现私人目的的手段，而他们只有当选上了官员，这些目的才能实现”。笔者并不赞同乔治·弗雷德里克森的全部理论，他的说法有偏执、极端的嫌疑，把人性简单理解为恶与黑，没有看到人性中存在高尚的理想，没有看到个人对自我品行的修炼。但在涉及公共事务时，无论你个人的品行如何，是不是存在高尚的理想，更多的人都会表现出对人性恶的担忧，人们常常质疑公职人员群体会不会利用公权力谋求自己的利益，所以我们就看到许多人不赞同提高公务员工资，偏见和固执地认定官员群体普遍存在贪腐。其实，更多的公职人员在现有的工作制度下，只能按部就班履行职责，就算想贪腐都没有机会取得那一点点外快。但是，一般民众接触到大量官员贪腐信息后，就会对政府不相信，对公职人员不相信。所以，在现代国家的政府管理中，为了让公民放心，把涉及公共事务的信息进行公开，就成为一种必要而无奈的选择。

在中国共产党第十八届中央纪律检查委员会第二次全体会议上，中共中央总书记、中共中央军委主席习近平发表了重要讲话，他强调加强对权力运行的制约和监督，把权力关进制度的笼子里。要形成不敢腐的惩戒机制、不能腐的防范机制、不易腐的保障机制。提醒各级领导干部都要牢记，任何人都没有法律之外的绝对权力，任何人行使权力都必须为人民服务、对人民负责并自觉接受人民监督。今后要加强对一把手的监督，认真执行民主集中制，健全施政行为公开制度，保证领导干部做到位高不擅权、权重不谋私。习近平强调，反腐倡廉建设，必须反对特权思想、特权现象。告诫全体党员，共产党员永远是劳动人民的普通一员，除了法律和政策规定范围内的个人利益和工作职权以外，所有共产党员都不得谋求任何私利和特权。这个问题不仅是党风廉政建设的重要内容，而且是涉及党和国家能不能永葆生机活力的大问题。要采取得力措施，坚决反对和克服特权思想、特权现象。在这里就要探讨信息公开在限制公共权力行使人的私利动机中的作用，信息公开可以使公职人员在行使公权力时能够有效地服务于公共目的，涉公信息的公开化使得公权力行使的外部监督成为可能，从而形成了对国家公职人员的外部压力，在某种程度上迫使国家公职人员将公权力的行使真正纳入实现公共利益的轨道。因此可得出结论：为了保障公权力围绕公共利益运作，信息公开就是权力有效的笼子。国家公职人员涉公信息愈公开，公权力服务于公共利益框架就越稳妥，而国家公职人员谋取私利的空间就愈小。除了公共事务方面信息的公开之外，对公职人员监管还要求与其身份相联系的道德品质和行为世范与一般公民有所不同。国家公职人员的道德或行为虽然属于个人事项，但个人的道德品行直接影响公权力行使的方向和结果，并且个人的道德品行也会影响其他公民的价值判断和道德品行。因此，作为治本之策，就要求国家公职人员的个人道德品行具有公开性和可监督性，可为其他公民接受或辨认。尤其在选拔干部、竞争上岗等工作中，只有在被一般公民所接受或辨认的情况下，公民才可能正确地行使权力，选择称职的国家公职人员。综上所述，公共性无疑是公开性的内在依据，公开性赋予国家公职人员以公共性，对国家公职人员必然提出公开性的要求。

在西方学者的表述中，对于国家公职人员公民身份的诠释，注重国家公职人员作为公民应享有的公民权利和作为国家公职人员在公共事务领域中公职身份的均衡，也就是说对应给予的公民隐私利益予以保护，对应公开的涉公信息应予公开。在这里，国家公职人员的隐私利益只能是与其私人性公民身份相关的利益，与公务活动无关。国家公职人员其按照公职人员身份而参与的公共事务活动，隐私权的保护要受到公共利益和社会公德的限制和扣减。纯属私人隐私与公共利益无关的事项，任何人都不得侵犯。在有些国家，对于受到公共道德排斥谴责的私生活，有悖于社会文化价值共同取向的私人秘密属于非法隐私，不作为一种权利给予法律的保护。瑞典于 1766 年制定的《财产公示规则》规定，瑞典公民有权查看从基层官员直到首相的纳税清单，一些社会组织会把公职人员公示的信息放在网络上，瑞典公民随时都可以上网查询公职人员的收入状况。虽然一定程度上对公职人员形成了压力和困扰，但制度实施的结果是瑞典公职人员的清廉多年来一直得到世界的普遍认可。目前，许多国家和地区建立了财产申报法律制度，人们可以看到自己的总统赚了多少钱，州长有几部车，警察局长有几个车位。在澳门的公职人员财产信息公开工作中，连家里有哪些珠宝字画都要进行申报。有些人在激烈批评我国领导干部财产申报制度时，忽略了我国相关工作一直在稳步推进。事实上，从 1995 年，中共中央办公厅、国务院办公厅就发布了《关于党政机关县（处）级以上领导干部收入申报的规定》；2006 年，中共中央办公厅发布了《关于党员领导干部报告个人有关事项的规定》；2010 年，中共中央办公厅、国务院办公厅又印发了《关于领导干部报告个人有关事项的规定》，在后面的章节我们还会就此问题进行进一步阐述，在此就不展开论述。

对于一般人的隐私，社会各界都可以很君子地赞同保护，甚至在许多问题上还表现出极大的宽容。记得有一个青年在自家观看淫秽视频被警察处理，网络上不少人对这个青年给予同情，并批评警察："小青年在自家观看日本爱情动作片，并没有影响他人造成危害，这只是个人偏好，警察管多了。"甚至网络上有人提出为他请愿。就在网络上一片喧嚣时，有人说该青年是一个公务员，舆情马上突变，有人说："毙了算了！"这就可以看出，对待国家公职人员公众就远没有宽容，甚至是苛责。不同国家的公民对待公职人员的态度是不同的，克林顿在白宫惹出莱温斯基案就差点被弹劾，而法国总统奥朗德骑着摩托私会情人被曝光后，法国民众却指责媒体多管闲事，骂记者是狗仔队。在法国民众眼里一个总统有没有情人无所谓，关键要看他能否胜任总统职责。能够胜任总统职责，总统约会情人是个人隐私，民众无权干预，另外，有情人说明我们法国总统的魅力很大。这就是不同国家社会文化差异导致审视公职人员隐私价值观念的区别。

对公职人员隐私的理解，我们还需要从隐私的本源去探究。从隐私所包含的内容上讲隐私包括私生活的信息秘密、私生活的安宁，一个人的隐私是个人思想和行动等一切不想公开的活动集合。从社会存在的角度看，隐私的维护是个人存在于社会的人格尊严的屏障。一个孩子出生时赤裸裸地没有任何隐私，在成长的过程中他很快就有了隐私的意识，因为他做了爸爸妈妈不赞同的事情，不能让爸爸妈妈知道。有了隐私也就标志着这个孩子已经开始慢慢成熟了。一个人在成长的过程中，会左突右冲奋力前行，不知道什么时候就会干出连自己都后悔莫及的事情，只想把事情深深埋藏在内心，永远不让别人知道。就算一个“乖宝宝”，从小就听父母的话，听老师的话，绝不做出格的事情，也不能保证遇不到意外和青春懵懂，一念之间的冲动就成了大大的心结。进入现代社会，一个人的社会化生存从机理上说也需要尽可能将个人信息和隐私藏匿。一个人的信息公开了，被探知了，轻者被各种商业推广骚扰，重则有财务、人身安全之忧。还有一些别有用心的人去研究你，就像躲在角落里冷飕飕瞄着你的眼睛，让你感觉不安。人类生存在竞争激烈的社会，都会给自己设计生存的策略，其中隐遁自己的物理信息和更多的社会信息后，可以暂时获得休憩的空间，为更好地在社会获得生存发展空间赢得周旋的余地。否则，始终被关注、被探知、被研究，随之而来的就是无尽的烦恼和灾难。在古代中国的文化里就有财不外露的说法，就是从个人信息上确保人身的安全。到了现代中国，更多人都有了这个意识，“低调”成为很多人的选择，“炫富”被看成极其愚蠢的做法。不仅仅是有较高的经济价值、社会声望的隐私信息需要遮蔽隐遁，还有一些不符合社会价值标准的隐私信息也要好好看管起来，不然曾经的犯罪记录，严重的疾病病史，与社会某些特定人的关系都会给自己的工作生活带来意想不到的隐忧。看似低价值的信息也需要妥善管理，比如你的出生日期、联系电话等一般性信息，在你不防备的情况下就可能被别人以你不能识别的方式给你带来麻烦，所以，现代社会衡量一个人是否成熟的一个重要指标就是能否有效地管理自己的隐私。

我们要从社会的角度来理解隐私的问题，隐私的起点表现为物理的藏匿和个人过往信息的隐遁。人们在维系自己的隐私时往往出于对个人社会生存的不安，或者所躲避社会角色对应承担的义务，或者为了以更有优势的状态获取社会的生存状态。隐私并非整个社会发展的必需品，但对于个人而言确是维系生存在文明和秩序世界的荣誉与安全屏障。看来任何人都可能有隐私，国家公职人员也不例外，如果国家公职人员没有隐私好不好呢？有些人说好！那么我们先看看一般人失去了隐私的保护会出现什么结果。隐私的保全是人类生存在社会上的遮羞布，有了这块遮羞布人格尊严得到努力维护，大家才能按照社会公允道德和秩序生存，一旦缺失这个遮羞布，心理安全荡然无存，有些人心灰意冷，远离人群自我隔离，心理趋于自闭；有些人为了修复这块遮羞布罗织谎言，一步步陷入泥潭不能自拔；有些人失去生活的热情，对世界充满恨意；还有些人彻底走上极端，变成极端无耻之徒。所以，这块遮羞布是整个社会的遮羞布和安全屏障。有些人在嫉恨公职人员时，苛责他们要把所有的隐私公开，这也就让公职人员没了那块遮羞布，他们人格尊严缺失，心里感觉是在裸奔，心理安全的缺失，导致他们努力用谎言维持尊严，或是与公众隔绝，再也谈不上走群众路线了。心理的自闭还会导致厌倦工作，失去工作激情。很多人指责公职人员懒政怠政，但他们可能忽略了公职人员的懒政怠政很大程度上正是由于他们的苛责导致的。还有一些公职人员那块遮羞布被解开后，不思悔改，干脆破罐破摔，变成更加极端的无耻之徒，肆无忌惮自己的言行，成了公共部门中的毒瘤。国家公职人员虽经过层层选拔，理应素质优秀，但是人就有人性的弱点，可能会冲动、自私、嫉妒，心理失衡可能在工作压力和利益获取的过程中发生。2016 年 4 月 6 日，陕西宁陕县太山庙镇政府工作人员解某和李某因为打架、微信红包、上班饮酒、上级打下级这些关键词“双双出名”了！在互联网构建的新型社交模式下，抢红包打架早已不是新闻，但公职人员因为抢微信红包打架就是新闻。在中国公职人员生态系统中，需要一个公职人员修身养性，讲究话语谨慎、行事周全得体，而这几年不时有官员间面红耳赤，挽胳膊抡拳。何等事情能让同僚间发生迎面挥来的拳头或张开泰森之嘴的事情呢？公职人员之间工作上的比拼、职位晋升上的较劲、意见上的分歧、情趣文化的差异使得明争暗斗或许无法避免，大多的时候，当事人都能彼此恪守底线，而当一方认为自己的“权”或“利”的底线被人侵犯时，挥动拳头就成了大概率事件。在这些官员斗殴的事件中，我们可以认定肇事方低素质，政治上极不成熟，同时我们也要看到公职人员生态系统中已经聚集的压力和公职人员心理失衡的严峻现实。我们是否需要过分苛责公职人员群体，以至于使他们在压力过大中畸形生存是我们民众需要理性思考的问题。作为法治社会公民的一种合法权益，隐私受到法律保护，对公民个人来说是一种重要的利益，作为公民的国家公职人员，隐私也是十分重要的利益。如果没有隐私，国家公职人员保持良好工作状态的“创新、成长、自治及精神健康”等因素就可能受到严重影响。受到侵害和不公对待的国家公职人员精神萎靡、士气低落，将严重影响国家公职人员的工作状态和工作效率，因此，受到损失的将是全体大众的利益。缺乏隐私保护的国家公职人员形成个体人格健全的扭曲，很难想象人格不健全的国家公职人员能管理好自己的行为，更不用说处理好职责赋予的公共事务管理了。因此，在西方国家，国家公职人员的合法隐私利益得到保护，公民可以批评公职人员的公务能力、监督涉及公共利益的隐私，但是诋毁国家公职人员，妄图窥探和曝光国家公职人员个人隐私都会被限制和处罚。美国总统奥巴马在推特上建立账号，当天就有人公布可能涉及奥巴马隐私的信息，第二天就有美国国安局的特工上门问罪。这就是一个鲜活的个案。

笔者经常和一些朋友谈论孩子的教育，其中笔者的一个观点就是孩子犯错了，不要急于指出和纠正他的错误，而是要用赏识和宽容来对待他，你想叫你的孩子成为什么样的模样，你就把他往那个方向去夸。之所以有这种观点，是因为孩子是有自尊的，巧妙地点出他的问题，给他时间让他反思，对他任何的改变和进步表示出赞许和欣赏，也许这就是当下流行的赏识教育。在多次实践中，笔者发现这种与孩子的沟通交流方式能取得较好的效果。在生活中，笔者把经验在很多地方进行推广，比如笔者所在的小区物业。当年，笔者入住一个新的小区，这个小区的物业是由开发商指定的物业公司进行管理的。新的小区总会有这样那样的问题，于是一些业主积极号召成立业主委员会与物业公司谈判，笔者就是当初业主委员会的初创成员。参加几次大会以后，笔者就对新成立的业主委员会的工作方针和思路表示了疑虑，他们一味谴责物业公司的过错，谋求通过业主大会撤换物业公司。对此笔者表示不认可，因为虽然问题的存在是客观的，但是需要沟通协商，不能一味采取革命式的工作思路撤换物业公司。业主委员会的大多数人痛斥物业公司和开发商的“恶行”，很快物业公司被撤换了。新的物业公司进驻小区没多久问题亦随之而来，停车、卫生等物业问题不仅没有解决，还新增了停电、盗窃等问题。这时谴责新物业的声浪随之而起，物业和业主的矛盾升级，广泛的群众运动不仅再次撤换了物业公司，业主委员会也被裁撤了。新的业主委员会筹备时，笔者给大家说，我们要想有一个满意的小区，就要学会夸赞物业，你想叫我们的小区成为什么样的模样，你就把物业人员往那个方向去夸，哪怕物业有糟糕透顶的现象出现。之所以这么做就是不让物业公司、物业人员和业主变成敌人，物业公司给小区带来的任何小小的变化，我们都要善于发现、善于表扬。对于笔者这种论调，邻居们将信将疑，好在作为一个人缘较好的人还有一定的可信度。一段时间内，大多数业主都会去赞美物业的努力、保洁的辛苦、保安的尽职。半年过去后，小区的秩序井然。笔者想如果整个社会都是赞赏和宽容对待公职人员，大家想拥有什么样的国家和社会，大家就把政府和公职人员往那个方向去夸，而不是苛责他们的过错，揭露他们的隐私，撕开他们的遮羞布。好的家长是智慧的家长，不会简单粗暴地对待孩子，会进行教育方式的理性选择；好的业主是智慧的业主，不会简单指责物业人员，会进行沟通方式的理性选择。那么，优秀的公民同样应该是理性的公民，不会整天抱怨痛斥“无能黑暗”的政府和“暴戾贪婪”的公职人员，会去尊重他们，赞誉他们，让他们按照大家期望的理想社会实现路径去努力。

当下，网络侵害个人信息安全频频发生，甚至引发连锁反应，如“人肉搜索”等，在侵害一般公民隐私的同时，对国家公职人员隐私的侵害就更深。社会上普遍存在仇官仇富仇社会的心理，一旦涉及国家公职人员的事件和新闻，总能造成巨大的叠加效应。在网络世界，只要有人提出针对公职人员的“人肉搜索”请求和号召，大概率情形下会得到“热心人”的出手相助，在宣泄化、娱乐化的心态下，网民在不明事件真相语境下的施以援手、盲目“帮忙”，很有可能演变成一场捕风捉影、夸大事实乃至于造谣诽谤的网络暴力。在事件当中，有些媒体甚至参与鼓噪和煽动。2014年安徽教育厅一位女性工作人员因开车和保安发生争执，保安随后猝死。网络舆情爆发后，有些网站公开发文，号召网民人肉这位同志的生活，如果网民都是胸中无底线、信息不脱敏、言论太任性，这不仅使得国家工作人员个人隐私缺失了最起码的尊重，还会进一步将网络虚拟世界的秩序进一步引向浮躁、混乱与暴戾。在监督国家公职人员权力运行时，务必理性思考相关的问题。笔者就遇到一位同志，他撰文提出要 24 小时监控领导干部的行为轨迹和通信信息，这就是缺乏法律常识和理性思维的表现，同时也是对公职人员的歧视。对社会阶层的歧视都是对正义原则的违背，其实质是对特定社会阶层一种不正当的差别对待。比如在求职中有性别歧视、学历歧视、健康歧视，在社会福利制度中有户籍歧视、民族歧视，在社会发展中有地域歧视、文化歧视。无论哪种歧视都会酝酿滋生社会的撕裂和对立，成为社会发展的不稳定、不公平的因素，与我国倡导的社会主义核心价值观对立，与构建和谐社会的价值理念不符。无论各种思想和主张，没有人去公然反对公平、主张公平就必然赞同非歧视原则，非歧视的内涵需要从形式公平演绎到实质上的公平，在隐私权上的公平和非歧视就应该给予公职人员。而在审视公职人员这类传统视角下的“强势群体”时，却很常见对这一“强势群体”的歧视。任何针对公职人员恣意的歧视都不代表绝对的正义和公平，保护全社会所有阶层和个体的人格尊严不受侵犯、维护所有阶层和个体在社会中权利不被侵害是每一个公民应尽的义务，也是健康社会机制的应有之义。

在依法治国的当下，作为应有法治精神的合格公民，必须有一条人人遵守的法律和道德底线，即在行使自己的权利时，也不能侵犯他人的合法权利，这是公民今后不至于失去法律保护的底线。就如毫无尺度的“人肉搜索”违反了法律的界限一样，任何越界行为都不能被法律认可。在这个意义上，最高法院出台的司法解释剑指“人肉搜索”等利用信息网络恶性侵害个人信息安全的行为，就为全体公民撑起保护伞，为当事人通过司法程序维权创造了便利条件，有利于遏制无序的“人肉搜索”的蔓延，实现虚拟网络社会更加规范有序。法规的出台不是庇护国家公职人员肆意妄为，或凡是涉及国家公职人员的监督和批评表达都将被禁止，而是为了维护社会公共利益且在必要范围之外的言论和行为将被禁止。确立网络舆论和信息公开作为监督公共事务管理、权力决策运行、遏制腐败的法律地位和合规方式，规范涉及公职人员信息发布的网络行为，从法治和社会利益实现的角度去评估理解和执行，避其害、扬其善，有所为有所不为。在这个问题上的尺度把握适度，全社会的整体利益就能实现最大化。

国家公职人员公开信息的标准

在我国，国家公职人员隐私的法律属性与一般公民既有共性又有区别，比如在 2014 年 10 月 9 日，最高人民法院公布的《关于审理利用信息网络侵害人身权益民事纠纷案件适用法律若干问题的规定》中规定，网络用户或者网络服务提供者利用网络公开自然人基因信息、病历资料、健康检查资料、犯罪记录、家庭住址、私人活动等个人隐私和其他个人信息，造成他人损害，被侵权人请求其承担侵权责任的，人民法院应予支持。这一规定出台的内涵就包括国家公职人员。而在《中华人民共和国公务员法》第五十三条中规定，公务员必须遵守纪律，不得有下列行为：弄虚作假，误导、欺骗领导和公众；参与或者支持色情、吸毒、赌博、迷信等活动；违反职业道德、社会公德。所以，国家公职人员的隐私信息需要特别考量。因此有学者提出国家公职人员的下列隐私权应与其他公民一样受到法律保护：如住宅具体信息应予保护；私生活不受监听监视；个人通信秘密与自由应予保护；个人健康信息在岗位规定范围之外应不受他人干扰或调查；与社会政治和公共利益完全无关的私人事务受法律保护，而对涉及公共利益的隐私进行权威界定，哪些隐私应当全部公开，哪些隐私应当部分公开，哪些隐私向谁公开，公开的渠道如何规定，一旦公开隐私信息后形成的损害如何补偿都要通盘考虑。

不同种类和级别的国家公职人员的隐私权和信息公开是否应有所区别呢？我们在研究国家公职人员的隐私时把国家公职人员完全等同看待，可能就忽略了国家公职人员内部存在的巨大差异。首先，任何国家的国家公职人员都存在着职级、权力、公务范围等差异，这些差异导致在他们身上凝聚的隐私和信息公开存在巨大的差异。比如说，低级别的普通工作人员的上班场所一般不列入禁止监控的场所，而高等级国家公职人员的工作场所则不允许进行监控。低级别的工作人员私人活动可以自由选择公开，甚至为了有效监管，我就看到有些地方公安局为每个警察配备GPS，实时报告位置信息。而高级别的国家公职人员私人活动一般不允许自由公开，甚至因为涉及国家机密，特定工作人员的活动场所、活动方式、使用的通信工具等相关信息公开都受到限制。因此，涉及国家公职人员的隐私和信息公开的问题必须研究种类、职能或级别的差异。而对此有些学者认为："经选举或任命产生的全国性国家公职人员，对其隐私权应作较多的限制；一般国家公职人员其隐私权应作相对少的限制。对领导干部其隐私权应作较多的限制；对于一般干部的隐私权应作相对少的限制。"这种观点有其合理性，高级别的公职人员所掌管和行使的公权力较大，其对公共事务的作用与影响力就越大，也就是说，级别高低、权力大小与公权力行使呈现正相关关系，除能力以外的因素，其行为后果对公共事务的结果作用较大，因此，为了制约这种权力的偏差，其信息公开的程度也应正比例增加。但是，对上述问题的分析出现了两个悖论：其一，高级别的工作人员可能被关注度高、其隐私被侵害的可能性更大；其二，在公共权力行使过程中需要保密的事项较多，需要恪守保密原则。对这些问题如何把握就成了困扰高等级干部隐私管理和信息公开的难题。

国家公职人员在隐私权问题上的两重性很容易理解，即涉及公共领域中行使权力时应遵循公开性要求，在私人领域活动中应强调公民身份和权力予以隐私保护。但是在现实操作中，往往很难对国家公职人员的所有活动和事项进行准确的公私划分。比如：一个国家公职人员参加个人感兴趣的学术活动，这个学术活动并非属于这个国家公职人员工作职责范围内的事务，这个国家公职人员是否在履行公共管理事务？是否在行使公权力？比如近期 P2P 网络金融诈骗案频发，在这些案件发生以前，这些 P2P 公司为了将自己粉饰成实力雄厚的模样，会通过各种渠道邀请官员、学者、明星参加他们组织的活动，公众将官员参加这种活动理解为官方为公司背书、站台，而涉事官员则辩解称他的工作职责不涉及金融、不涉及公司运行，受到邀请参加完全是个人身份，个人未在其中获利，如果不参加活动，可能被指责为官气十足、不支持地方经济。对于这种情况的发生又如何理解呢？有些人可能提出依照法律来进行界定即可。事实上，在现行的法律体系中，没有一部法律能够明确规定国家公职人员所有行为的性质类型。这里就需要从国家公职人员行为后果、行为影响、行为动机等方面来研究，这也就涉及公职人员行为规矩、规则问题。所有的法律是明确了行为的红线，即行为上下线。涉及国家公职人员隐私范围的事务有很多是在上下线中间，比如道德的衡量。国家公职人员应该有道德、讲道德、守道德，但是，道德是柔性的，很难去量化界定。比如，一个公职人员在处理男女朋友的问题上，应该讲究认真正确的择偶观，保持健康的情趣，不可以朝三暮四。以上这些都是属于道德约束，属于法律不可能规定的范围。但是组织层面应该予以考察，甚至在不良事件发生后进行调查训诫。

涉及公共利益的事务应予公开，但是还存在公开的方式、公开的范围、公示的对象等问题，比如说，近年来高房价是一个让大多数人焦虑的问题，很多人为了一套栖身的房子而劳苦奔波，身心俱疲，很多公职人员同样遇到这样的困惑。比如在合肥市，一个刚入职的年轻公务员月薪不过 3 000 元，全年收入在 4 万元至 5 万元，而一套 100 平方米的住房市场价在 100 万以上，这个年轻人不吃不喝需要 20 多年才能买下这套房子。然而，无论是政府部门还是其他的事业单位，都可能利用自身的影响力和渠道，获得低于市场价格房或者内部自建房，就算单位内部职工组织团购商品房，也会被质疑是否在公权的庇荫下捞取私利。确实，有些地方存在的公权力吞噬着保障性住房或保障性住房政策红利的现象。据媒体报道，在深圳市公示的某次保障性住房初审合格家庭的名单中，至少 299 户有家庭成员在政府机构工作。此前还有媒体报道各地陆续发现专供领导干部的特价房，在一些行政事业单位及央企里存在以周转房等名义建设的内部房现象。在百姓不堪承受房价飞涨的背景下，公职人员获取了超额利益就可能被质疑凭借公权的优越地位，享受着不当得利。公众看到公职人员福利性的超标住房、适用房、集资房大量出现，而普通百姓渴望的保障性住房投入严重不足，几代人的努力还买不起一套房。这种反差就会形成一种怨气和愤怒，积聚着社会不稳定的因素。在高房价的巨大经济压力下，公权被用于解决一些公职人员的困境，政府的公平与信用就会透支，社会群体间关系被房子撕裂，所以公职人员的住房信息就成为必须公布的个人事项。公职人员的住房信息应予公布，但是应该公布哪些信息呢？购买年限、购买方式、购买渠道、房屋面积、购买金额等信息应予公开，但是房屋具体小区、楼号、房号就不应公开。我们经常看到为了便于工作联系和服务百姓，许多领导和同志公开了手机号码，对于这些同志的信息公开群众的反映是积极的。但是，手机是属于公私双重性质的通信工具，之所以这么说，是因为所有的国家公职人员都有工作时间的限制，在工作时间内，接听电话是工作职责和义务，而工作时间以外，接听电话就属于法定职责以外的额外事务了，国家公职人员有权利维护自身的合法权利，有权利不接听手机，一旦手机号码被公布就难以保证休息时间不被打扰。所以公布手机号码只能是特定岗位公职人员的特定做法，不应该是所有公职人员应尽的义务。当然，为了方便工作，单位可以给工作人员配备工作用手机，公用手机的号码可以公布，但使用人员在非规定工作时间依然可以不予接听。

公众去议论和关注公职人员隐私都是情理之中的。在一般情况下，私人事项应当免受街头巷尾的评论，但是公众对感兴趣的问题进行议论又是公众的知情权和言论自由。在一定程度上，国家公职人员的某些个人偏好和取向，尽管可能具有私人性，却因其可能成为国家公职人员特殊性，从而影响公众的判断。比如，领导干部着装、奢侈品的使用，这些可能影响公众判断，甚至引领社会风气，对国民的消费倾向有深远的影响。比如，国家领导人在公开的场合使用非国产的产品，就会造成国民对国产产品的信心不足。记得2004年正值禽流感期间，禽类饲养以及禽类餐饮企业进入低谷阶段，时任合肥市市长的郭万清来到老乡鸡餐饮店，亲自品尝店内的鸡汤，证明经过疫情防治后的禽类产品安全可靠，原本个人饮食的私人行为就带有引导公众的意味。我们可以看到，彭丽媛在重大场合着装时尚而庄重，其服装是中国品牌；使用的手机是国产的努比亚；使用的皮包也是国产的，这些都影响到公众的判断。

综上所述，除了法律有明确规定外，依据一定的标准和规则划分公共信息或隐私信息是很有必要的。国家公职人员之双重身份的特殊性，也使得其私人领域具有了某些特殊性。国家公职人员私人领域的信息必须有足够的理由方可免于公共审查和公众知悉，否则，公众有权利要求公开相关信息。在这里，我们可以重温马克思和恩格斯的观点："既然正确理解的利益是整个道德的基础，那就必须使个别人的私人利益符合于全人类的利益。"也就是说，当个人隐私与公共事务发生联系或冲突时，国家公职人员的隐私利益让位于公共利益的原则。当然应避免高举公共利益的旗帜，无限扩大公共利益边界，或打着公共利益的旗帜损害国家公职人员的合法权利。

公众知情权与国家公职人员权益的冲突

近年来，公众与国家公职人员围绕名誉权、隐私权等发生的案件不在少数，且呈现快速上升的趋势，这些纠纷实质上是公民在行使宪法赋予的言论自由、监督和检举权时与国家公职人员的名誉权、隐私权发生了冲突。法国思想家卢梭在《社会契约论》中指出：政府的权力来自于公民以契约形式的权利让渡。在现代国家，公民才是国家的主人，有权参与国家管理和政治生活，政府及其工作人员的权力只是公民赋予他们进行国家管理和社会服务的手段。权力的给予目的是国家的建设，社会秩序的维护，和给国民创造优良的生活境遇，而不可以权力滥用。公众知情权与国家公职人员权益都有其合理性和合法性，在法律和伦理的框架下思考这个问题，以获得平衡社会各方利益的均衡解决方案，方能对社会有利。

现今，关于国家公职人员隐私的信息公开问题的争议日趋激烈，而凡事就有利有弊有两面性，如何坚持重点论与两点论的哲学思想提醒我们，在这个问题上，我们可能需要“中庸”，也就是需要用平衡的观点认识和处理，在国家公职人员隐私权与公众知情权、监督权之间构建起适度的利益协调机制，通过立法司法、构建制度框架、达成社会共识，探索出一个理性规则，国家公职人员隐私理解和处置的平衡化思想正是立足于权力制约和人权保障两个方面统筹兼顾。一个国家对公职人员隐私问题的认识和处理，一方面标志着这个国家法律制度的健全程度，另一方面也体现出这个国家整体公民意识的成熟度。无论以美国、英国为代表的发达国家，还是以韩国、新加坡为代表的亚洲新兴国家，在国家公职人员隐私权限制问题上的研究与实践均早于我国。在改革开放以后，我国在此领域进行了大量符合我国社会文化特点的卓有成效的探索，并积累了极为宝贵的理论和实践经验。对于公职人员隐私权与公民知情权、监督权的平衡研究，我们要学习其他国家的有益经验，比如以美国为例，在司法领域，美国通过了《道德法》《财产申报法》《联邦政府阳光法》等一系列法律，对国家公职人员隐私进行了细致的规定，通过岗位特点、职级、性别、时段等综合因素考量，有限公开的方法处理国家公职人员的隐私并强制公开和强制保护。这些都为我国的研究提供了制度参考和理论借鉴。

对于国家公职人员隐私的问题，网络上有些人动辄指责政府不作为，公职人员隐匿私货，别的国家搞得多好，多公开。其实他们既不了解中国的实际情况，也不了解其他国家演进的历程。在许多国家的历史上，都不允许妄议国王、贵族、行政官员，比如美国独立后在 1798 年制定了《煽动法》，对政府官员进行全方位隐私保护。美国政府和司法系统一直基于保护政府官员名誉的角度处理相关的事项，有兴趣研究美国历史的同志可以去研究一下肯尼迪总统当年的某些行为，在今天看来都是匪夷所思的（有些很黄很暴力，在这里就不多说了），怎么可能当选总统呢。美国这种对公职人员的“庇护”局面一直延续到 19 世纪中期，1964 年出现的“纽约时报公司诉沙利文案”改变了乾坤。在该案中，联邦最高法院就此确立“沙利文原则”，判例禁止官员因他的职务行为遭他人诽谤而获得补偿，除非他能举证该诽谤是对方出于“实际恶意”，并且证据必须是确凿且令人信服的举证。但原告举证私人事项，则不适用该原则。在 1966 年的“罗森布拉特诉贝尔案”中，美国联邦最高法院大法官布伦南对国家公职人员（或公共官员）的含义进行了明确，一是在具体职务行为中的角色和职责；二是该职位的任职资格和利益关系。布伦南大法官在该案的判词中写道：“国家公职人员必须证明被告的陈述带有实际恶意，即被告明知陈述是错误的，或满不在乎地罔顾陈述是否错误；否则官员就不能对有关其官方行为的诽谤错误而获得赔偿。”从此，美国对公职人员的隐私理解开启了一个新的篇章。我们可以看到，美国对公职人员隐私的处置和理解也是渐进的。

作为国家公职人员可能会抱怨，我们怎么这么倒霉，自己的隐私都不能像普通人一样享有。看起来是挺悲催的，但是要知道你们和普通人不同啊。既然是国家公职人员，就享有国家权力，在现代民主社会，政府及其公职人员被定位为整个国家和社会的“管理者和服务者”，有些国家称之为为国民服务，我国称为为人民服务。权力的拥有是人民的认可和授权，权力受到限制并采取一定的限制手段是国家权力性质的必然结果。国家公职人员依法掌握着国家权力，制定和执行国家的政策，对国家和社会的公共事务进行着管理。而任何人都有私欲和任性的成分，谁敢保证你的权力没有被你的私欲和任性驱使，所以公共权力被监督，隐私被限制便成了必然。“公职”的“公”本身就包含公开性和透明性的意思，除非因其所担负的职能、工作因涉及国家安全等秘密事项不宜公开，甚至连身份都不能公开的例外。只要是与公共利益具有相关性，国家公职人员的隐私就可能公开，比如在公职人员任职前，往往需要进行公示，于是这个公职人员的出生年月、个人背景、工作履历、学历等这方面可以判断其符合该岗位任职资格的信息就要公开，否则，公众怎么判断该同志能否胜任所担任的职位，评判标准和依据何在，公共权力授予他能否放心。甚至为了更好地判断，更大范围的信息都应当向社会公众披露，比如，他的家庭信息，他是否是一个“裸官”；他的财产信息，他是否是一个“贪官”，如果将这些信息作为纯私人领域隐私规避，势必影响公众对他的判断，无法知晓是否存在损害公共利益的可能。而且从政务公开的要求，也需要将一定范围的各部门、单位及主要领导同志基本信息公开，如部门职责、主要领导姓名、职务、职责、简历（出生年月、民族、学历）及办公电话。

作为一名教授，笔者希望能够有更多的知名度，这样笔者的学术影响力就来了。但是作为一名处级干部，笔者心中常常很纠结。每年填报《领导干部个人事项报告》就已经很烦了，还需要报告自己的行踪，不仅出国需要审批，就算是离开工作地都需要向分管领导报告，这就是公职人员隐私权相对克减的结果。社会共同认可的价值观就是相对克减原则，你比他人拥有了更多的资源就要相应克减其他的权益。与普通公民相比，国家公职人员身份、职业的特殊性使其拥有了权力资源、信息资源，导致其隐私的利益就要进行部分舍弃，公民权利就要受到必要限制。例如国家公职人员在参与特定活动、职务晋升、申报奖励中，不得对应填报的个人信息进行隐瞒。就像参与一个项目的评审工作，要求专家不得携带手机等通信工具，评审专家就要暂时牺牲通信自由权。成为一名国家公职人员，其隐私的限制是必不可少的前提条件，而且，不同层级和类型，其隐私的限制程度也不一样。就像教授也是公职人员，处长也是公职人员，但两者的隐私规范要求就不一样，也就是说，公职人员内部的隐私权克减程度是不同的，所以，国家公职人员身份、职级、岗位类型和权力类型就意味着要主动舍弃和放弃多少个人的隐私权益。当然，“高官无隐私”作为被我国许多人推崇的西方经典价值观理念，其实言过其实。在任何国家，高等级官员的隐私都不是完全开放的，但这个理解也反映了在这些国家高级官员对国家事务和公共利益所肩负的责任重大，他们的隐私理应限制更多。

对国家公职人员的隐私权进行限制，对国家公职人员并非是有百害而无一利，从某种程度上说，也是一种保护。广泛而全面的监督，有助于国家公职人员被迫权衡各种诱惑，有了拒绝各种难以推脱的借口，从而有效地保护自己不至于被环境胁迫。就像有了酒驾入刑的规定，在面对饭局时就可以有理由不喝酒，拒绝别人劝酒，给自己一个抵抗环境胁迫的理由。在复杂环境下，公开的信息是各种谣言的屏蔽器，面对无端的诟病和诽谤，国家公职人员可以理直气壮地坦然化解，为工作创造良好的外部环境，国家公职人员的正面形象得以树立，仕途前程的风险度就会降低。比如英国一个新闻网站披露，英国文化、媒体和体育大臣约翰·惠廷代尔曾与一名职业妓女谈恋爱。约翰·惠廷代尔 2016 年 4 月出面回应媒体对他一段往事的报道，承认 3 年前曾与一名应召女郎谈过恋爱，但坚称当时不知晓对方的职业，一直到有人想把他的故事卖给小报时他才得知真相并结束了这段恋情。惠廷代尔现年 56 岁，离异，有两个孩子。他 2015 年 5 月出任文化大臣，此前在议会下院分管文化、媒体和体育特别委员会。惠廷代尔强调，与妓女交往一事“发生在他就任文化大臣以前，也从未影响自己在这一内阁职位上做出的决定”。英国政府也表态称，惠廷代尔是“单身男士、有权享有私生活”。英国广播公司报道，英国《每日邮报》《太阳报》《星期日独立报》和《人民报》早在几年前就获知惠廷代尔与妓女谈恋爱的事，只不过从未曝光这条花边新闻，不仅仅因为惠廷代尔是文化大臣，更因为这事发生在他任职以前，而且他的身份可以有选择与异性交往的权利。由此，看出一个公职人员坦承自己并不光彩的过去，在苛刻的西方国家也没有形成负面结果。

在一般的政治规则和法律制度框架下，国家公职人员哪些个人信息或隐私需要进行公开？笔者认为公职人员的日常公务活动，国家公职人员进行公务活动，参与管理和决策重大事务，允许进行公开报道的应当允许媒体采访报道，被大众知晓。公职人员任职、晋升过程中，个人情况包括出生年月、性别、籍贯、民族、婚姻、学历、职称、工作履历等有助于判断其能否胜任职务的信息应当在规定的范围公开。对于以上公开的项目，笔者是不赞成公开民族这个栏目的，具体原因在今后的文章中再进行阐述。一定职级的公职人员需要年度或经历特定事项时公布财产和收入状况，并提供财产获得的证据，以佐证其履职的廉洁性和合规性。对于一定职级的国家公职人员，其子女、配偶、直系亲属、特定关系人等部分信息及活动，例如姓名、国籍、职业、收入、财产等信息，应当在一定范围内予以公开，这些社会关系在一定情况下可能延伸到姻亲、三代之内的旁系亲属等近亲关系。从2016年版我国的《领导干部个人事项报告》看，领导干部信息填报比以往更严更实。领导干部个人事项报告，包括个人婚姻状况、收入所得、出国（境）、子女移民等14项情况都必须如实地填报。领导干部可能因为购买的理财产品未填报利息，就被要求重新填写并说明情况。以前领导干部不太重视个人事项报告制度，填表随意甚至隐瞒不报。现在抽查核实工作的震慑力巨大，一旦核实瞒报可能就失去晋升机会，甚至被免职处分。2013年年底，中央组织部印发通知，提出将开展《领导干部个人有关事项报告》抽查核实工作。2015年1月起，中央组织部在全国范围部署推行《领导干部个人报告》有关事项的“凡提必核”，凡是拟提拔为副处级以上领导干部人选、后备干部人选以及转任重要岗位的人选等，都需要进行重点抽查核实。今后，随机抽查范围和力度会逐步加大，抽查比例由3%至5%扩大到10%。实行多年的《领导干部报告个人有关事项制度》逐步完善、越发严格，已经成为“反腐利器”。2014年，有5名拟提拔的干部因不如实报告个人事项等问题被取消提拔资格。从公开的资料可见：2015年，全年抽查的43.92万名副处级以上干部中，因不如实报告个人有关事项等问题被取消提拔资格的有3 900多人；受调离岗位、改任非领导职务、免职、降职等处理的有124人；因抽查核实发现问题受到党纪政纪处分的有160人。以上个人报告事项多属于刚性信息，公职人员便于申报，便于公开易于核实，但是有些弹性信息很难申报不易核实，而这些信息更能反映公职人员品行、能力和作风。比如生活上的不道德行为，如婚外情、滥交、赌博、嗜酒吸毒、奢靡的生活方式等，对这部分难以度量的行为，更应该接受社会各方监督，把隐藏的腐败、不道德揭露出来。从趋势上看，不断完善的各项举措正逐步形成中国特色的领导干部隐私信息公开制度体系框架。当然，要使《领导干部个人有关事项报告制度》发挥更大的效用，还需辅以金融实名制度等个人信息统筹配套制度，形成完备的体系，进而使其成为推进全面从严治党，推进国家治理体系和治理能力现代化的有力武器。

依法依规公开个人隐私信息是国家公职人员的“警醒卡”，国家公职人员能否如实报告个人事项，体现了一种政治上的清醒与成熟，也是对本人是否守纪律、讲规矩的警醒。个人事项报告本身就是一个人的诚信报告，也是国家公职人员最基本的道德规范和廉政宣言。将本人情况晒在阳光下，国家公职人员就能对自己存在的不足或是苗头性问题进行自我反省，真正在工作和生活中做到清清白白，才能更好地在工作中践行“三严三实”，履职尽责为民服务。限制国家公职人员的隐私，对于个人带来极大的不便，在实施信息公开或申报中就产生了较多的怨言。无论大家是否能接受和适应，国家公职人员隐私信息适度公开已经成为未来工作的趋势。国家公职人员是社会公共事务的主要管理者，国家公职人员的财产、工作经历、道德品行等对其管理的工作具有重大影响，职位越高与公共利益的关联度就越大。适度地公开国家公职人员的部分隐私，有利于国家选拔官员，进而有益于国家的反腐倡廉建设。当前，我国正处在社会转型期，舆论高涨，平抑舆情的最有效办法就是建设透明政务，实现政务信息公开。作为政务信息的重要组成部分，公职人员个人信息的有限公开对缓解社会矛盾和舆情压力不失为一个良策。中国社会发展到今天，公民对政治的参与要求空前提高，政府的神圣光环已经在公民的意识中逐渐淡化，公众对国家公职人员个人隐私的关注体现了现代国家政府与公民之间契约关系的法制化，作为法治国家的国家公职人员，接受法治精神的要求、公开个人隐私已是不得不为的选择了。

国家公职人员隐私权与公众知情权的冲突是权利的平衡问题，积极构建良性互动的利益平衡机制，是当下中国每个人都应该重视的。无论从法理还是从社会现实，国家公职人员公开个人隐私都是一种潮流和必然结果，但是公职人员是不是必须无条件地接受公开信息的要求，能否拒绝不必要的要求呢？答案是可以的。其判断的主要原则包括以下内容：其一，避害原则，公开个人信息如果会造成个人及家庭人身和财产的损失，或公开信息导致他人利益受损应申请规避，但能否允许规避视国家法律和法规确定。其二，权力规避原则，个人判断自己的事项不符合相关工作、岗位的任职规定，可以主动申请不参与或不担任相关工作和岗位，规避信息公开。其三，过度监督维权原则，一个公职人员理应接受监督，但他人如果超越法律规定的范围，对其过度监督，比如跟踪、监视、窃听，就有权依照法律维权，而对方不得以监督为名，侵害他人权利。其四，公开信息保密原则，公职人员按照规定在一定范围、一定渠道公开的信息，任何人和机构不得超范围传播和公开，否则，有权追责。其五，人格保护原则，人格尊严保护是一个人所以为“人”的最基本条件，人格尊严是隐私保护利益的核心价值，当人格尊严最低限度被否定，隐私权就彻底被否定了。恶意撰写、发表没有事实依据的信息、侮辱性的内容，构成诽谤或诬陷的，相关当事人或单位有权追责。只有这样，才能营造好权责对等，合法权益保障的良性生态。所以公职人员无论是否存在腐败和违纪，在网络举报等环节都不可无底线地公开、触及人格尊严的隐私，可以选择通过纪委、检察院等渠道提供线索，否则就是超越法律的“大字报”。当然也有很多信息，作为领导干部不宜公开。比如，在我国国家主要领导人的部分个人信息一般不进行公布，甚至他们配偶、子女及近亲属的信息都在保密范围内。比如习近平总书记的生日就没有官方公开的资料。但是可以通过网络上新闻报道的信息进行推断。据报道，2010 年，习近平访问老挝期间，老挝国家领导人就曾在 6 月 15 日为习近平举办生日午宴，侧面暴露了习近平总书记的生日信息。印度总理莫迪在 7 月 1 日通过新浪微博对李克强总理表示生日祝福，“泄露”了李克强的生日信息。国家领导人的生日信息之所以不公开，可能是基于中国政治的一个系统考量，尤其防止个人崇拜的发生，防止借生日之际铺张浪费、大搞庆典，形成不良风气。

在我们国家，想查到一个官员，特别是一定级别的领导干部的信息是轻而易举的事情，百度上、各种官方的网站都可能刊载这些同志的信息。有些人说这不是政务信息公开吗？而且在《党政领导干部选拔任用工作条例》中也规定领导干部的信息要予以公开，这些都是符合政策规定的。但是如果仔细研究《党政领导干部选拔任用工作条例》（2014 年 1 月修订印发）就可以发现，《条例》虽然规定：对拟新进党政领导班子的考察对象，应当在一定范围内进行公示。公示内容应当真实准确，便于监督。但是，如果公示了籍贯、出生地、毕业学校等详细信息也可能导致意想不到的负面影响，比如，有些人会刻意研究领导的履历，寻找尽可能与之有交集的人和事，要知道在现代信息条件空前发达的背景下，需找到建立连接的渠道是非常顺畅的。通过各种预谋和设计，以此围猎领导干部。领导干部面对种种人情旧交难以拒绝，对保证清正廉洁和工作公正带来隐患。2008 年 5 月 1 日起施行的《中华人民共和国政府信息公开条例》明确规定干部需要公开涉及公权力的内容，另外还规定："行政机关不得公开涉及国家秘密、商业秘密、个人隐私的政府信息。但是，经权利人同意公开或者行政机关认为不公开可能对公共利益造成重大影响的涉及商业秘密、个人隐私的政府信息，可以予以公开。"对于领导干部隐私信息，外国情报组织也表现出浓厚的兴趣。有报道表明，有些国家紧盯中国网站，中国的互联网已经成为重要的信息来源，外国的情报机构紧盯中国网站显示的领导干部情报信息。所以，公布领导干部的姓名、性别、职务、分管工作、联系方式等信息时应该谨慎。公布干部选举、任职公示等应该在可控制范围，或经过保密技术处理后公开。对于各种搜索引擎随意建立领导干部信息条目的做法也要进行必要监管。

廉洁、高效、服务型的政府是实现中国梦的保证，要想建立廉洁、高效、服务型的政府就必须加强对国家公职人员的权力监督。这种监督应该是全方位的，不仅仅包括国家公职人员的日常公务行为，还应该包括国家公职人员的社交活动、财产收入、纳税状况、兼职兼薪状况。从表面上来看，这有可能形成对国家公职人员的隐私权限制，在一定范围造成隐私权侵犯，不符合普通公民保障人权的法治精神。但国家公职人员掌握着公权力和公共资源，其身份不仅仅代表着公民个体的外部张力，而且承载着社会价值的实现和社会资源配置的公平，他们的廉洁、勤勉、公正与否关系着整个社会利益的实现和社会秩序的健康发展。而公民作为历史的创造者，作为社会主义社会的国家主人，公民行使言论自由权、知情权、监督权能够更好地对政府各部门及其工作人员进行监督促进，公民在自由发表观点和看法时也要心中有法、行为有界，要杜绝非理性、煽动性、侮辱性的表达，严防侵犯公职人员及其家人的合法隐私，严防对公职人员进行人身攻击。给公职人员的身心造成严重的伤害也会伤及社会所有人的利益，这不是监督的目的。为了使我国公民的监督更加规范，必须采取措施来控制监督权被滥用。国家公职人员隐私权限制机制的完善已迫在眉睫，我们要平衡公众知情权、监督权与国家公职人员隐私权的利益冲突，逐步构建一个符合中国国情、兼具中国特色的国家公职人员隐私权限制机制，严肃、严格与宽容、尊重并举，实现整个国家的法治与秩序，谋取社会利益最大化。

第5章

国家公职人员财产信息公开与隐私保护

无论从官方公布的数据上看，还是从普通百姓身边的感受看，中国几十年来取得的成就是巨大的，但是各种矛盾在发展中也日益凸显。近年来，社会上有许多声音，极“左”的、极右的、民粹主义的、民族主义的轮番涌动在意识形态领域，我想这也是一个国家社会活力的体现，也说明我们这个国家还有待成熟。梳理一下其中的热门话题，无疑，国家公职人员财产公开是一个被重点关注的问题，什么杨达才、房叔房姐，还有一个秦皇岛市城管局副调研员、北戴河区供水总公司经理“亿元科长”马超群等人轮番挑战全国人民的认知，因此，社会上有许多声音在要求对国家公职人员尤其是领导干部的财产信息进行公开。

国家反腐的决心

公民知情权是作为现代国家公民对于国家的决策、政府事务以及与民众利益相关的重大事件的知悉的权利，1945 年由美国记者肯特·库泊在一次演讲中提出，代表了 19 世纪 40 年代到 60 年代美国兴起的“知情权运动”精神，现在被广泛传播，具有极大的国际影响力，在很多国家的多个领域和行业被引用为评判公权力运行的价值标准和判断依据。比如在新闻等领域就把公民知情权作为新闻事件、舆论监督的工作依据。新加坡前总理李光耀在推行以财产公示为主的铁腕反腐制度时就说到：“一个国家如果没有建立公务员财产公示制度，这个国家的反腐败就只能是镜中花、水中月。”事实上，无产阶级的理论家就知情权早就进行过论述。马克思在评价德国新闻书报检查制度中指出：“一个江湖医生，为了不看见疹子，就使疹子憋在体内，至于疹子是否将伤害体内的器官，他是毫不在意的。”直指政府压制剥夺公民的“知情权”。列宁指出，“只有当公民知道一切，能判断一切，并自觉地从事一切的时候，国家才有力量”。“人民应当有权为自己选择负责的领导者；应当有权撤换他们；应当有权了解和检查他们活动的每一个细小步骤”。毛泽东提出，党的政策都应当公开发表，使广大群众知道，使群众认识到自己的利益，并且团结起来，为自己的利益奋斗。总之，无论是哪种价值体系，公民的知情权都是被广泛认可的，当然，在不同的时间点阐述的角度可能有所不同。

1766 年瑞典出台了《出版自由法》，规定公民有权查看国家公职人员甚至首相的纳税清单，纳税清单可以反映纳税人收入情况，另外，国家公职人员需要按照法定的程序和规则向公众公布财产状况，接受公众监督。现在瑞典就有一些网站，公布公职人员的财产状况，任何公民都可以查询。在欧洲其他国家的法治历程中，1883 年英国出台《净化选举，防止腐败法》明确了参选公职人员的财产公示制度，规定了竞选议员的候选人必须对竞选募集资金和个人资产进行公示，如果个人财产与其正常收入之间存在差距，必须进行合理的解释和说明，如不能提供合理合法的收入证据材料，就有可能被指责为非法收入。从 19 世纪七八十年代开始，这种以公示财产收入为特征的反腐活动在全球范围展开，各国政府纷纷加强对公职人员经济活动和财产收入信息的干预，掀起了通过制定“阳光法案”反腐的浪潮。美国 1978 年通过的《政府伦理法案》，对立法、司法、行政机构系统官员做出规定，所有官员必须按要求填写财产登记表格，申报个人以及关系人的财产收入。根据法律，上至总统、副总统、国会议员、联邦法官，下至行政、立法和司法三大机构的中高级工作人员，必须在任职前报告自己的财产收入状况，上任后还须按月、年申报，财产申报还包括官员的配偶和子女的事项。必须申报的内容包括各种渠道的利益所得、接受赠予的礼品，以及资产和负债等，甚至国会议员接受游说人员宴请都必须申报。又比如接收父母的馈赠是允许的，但必须申报。该法案的规定较为详细，比如一个富翁担当了国家公职人员，在任期内，他的资产就必须交由资产管理公司进行管理，个人不得干预经营，防止以权谋私。同时，法律还规定，联邦政府公职人员在离职后被禁止从事划定的某些领域活动，目的就是为了防止权力的滞后交易，减少腐败和防止政府官员通过不正当手段谋利。为了防范拒不申报、谎报、漏报、无故拖延的行为，独立运作的美国司法部可对当事人进行质询和提出诉讼。当然，涉及需要保密的特种岗位官员可以例外，所有官员的财产申报资料经过信息脱敏后公开，公民可以查阅复印，还可以提出核实申请。该法案被认为是当今世界最为完备的国家公职人员财产公示立法，要知道，松散而强调框架性的英美法律体系中能产生一部被世界范围认可的法律是难得的现象。法国 1983 年颁布的《政治家生活财产透明度法》和加拿大 1994 年制定的《公职人员利益冲突与离职后行为法》都延续了美国的法律思想。1997 年，俄国总统叶利钦签署法令，要求政府总理、副总理和各联邦部长每年向税务机关申报个人财产。2008 年俄罗斯通过《反腐败法》，为了维护法律的严肃性，时任总统梅德韦杰夫带头公示自己的财产。2009 年 4 月，梅德韦杰夫、普京、俄副总理和 11 位部长全部公开个人收入及家庭财产情况。梅德韦杰夫先后于 2010 年和 2012 年签署两份《国家反腐败计划》，扩大财产公开范围，加强了对政府工作人员收入和财产的监控，并加大了对违法行为的惩戒力度。在 2014 年 4 月 11 日，普京批准《2014—2015 年反腐败国家计划》之后，俄罗斯因为在财产申报时不实申报的国家公职人员近 2 万人被处分，甚至被法办，极大震慑了嚣张的腐败势头。韩国《公职人员道德法》于 1993 年 6 月出台，所有的韩国高官及其配偶和子女都需要公开他们拥有的资产和收入，包括在非公共行业所持有的股份。日本 1992 年出台《国会议员资产公开法》，规定财产公示制度。目前已有包括美国、英国、瑞典、法国、日本、新加坡、俄罗斯和我国香港、澳门地区等超过170个国家和地区实行了国家公职人员财产申报制度。在这些被誉为阳光法案的财产申报制度中，极为详细的财产申报缓解了各国政府来自舆论的压力，一定程度上抑制了腐败的蔓延。

世界范围内，从俄罗斯到巴西，从非洲到阿拉伯世界，腐败问题是许多国家的毒瘤，也是一个烫手的政治山芋，屡屡引发社会动荡甚至政权更迭。无论哪个国家政府都不能轻视腐败带来的昂贵社会成本，相比之下，公职人员财产公示的社会成本就成为低廉而且可以接受的选择。公职人员的财产不再能以个人隐私为由拒绝公开，就算是极为注重保护个人隐私的英国，也不认为公职人员的财产是纯粹的个人事项。英国人认为，担任公职的目的就是完成公共事务管理，其前置条件就是为公众信任，所以公职人员的清廉是根本，财产信息的公开是必然。对于议员和高级官员财产公示信息的解读，媒体和大众都表现出极高的兴趣。英国媒体甚至会编撰出英国“最富有的议员或大臣”“最穷的议员或大臣”“最败家的议员或大臣”，这些有趣排行榜有助于选民评价议员和官员。公众和媒体还会研究候任官员的财产公示情况以决定自己的选票。在美国，官员的财产状况也是影响官员认知的重要因素。前国务卿克里在上任之前就公布了自己的财产，并且在写给司法部法律顾问的信件中称，如果他担任国务卿后，将按照公职人员的规定出售个人及家庭近100项的投资，防止职务和个人利益之间可能产生的潜在纠葛。克里表示，担任国务卿后不参与妻子名下所有公司的经营。在世界多数国家，公职人员不仅要进行财产申报，更要求进行公示。一旦进行公示，公众就可以比对公示的材料，监督公职人员有没有隐瞒资产和贪腐，收入与日常开销是否匹配。所以一些国家的公职人员非常重视两件事，一是税收申报，二是财产申报，两件事都马虎不得，万一有漏报误报，都可能产生很大的法律责任和政治麻烦。

采取财产公示的办法可以取信于民，但是在实施的过程中会受到各方面因素的制约，尤其是官僚系统的软抵抗。这也就决定了公职人员财产公开需要经历一个过程，这个过程表现为许多国家政府的反腐和防腐需要经历腐败萌生、腐败恶化到民怨沸腾，政府不得不强化治理再到实现权力清廉的阶段性过程。在韩国的历史上，历任总统都曾推行反腐运动，如朴正熙总统的“庶政刷新运动”、全斗焕总统的“社会净化”运动、卢泰愚总统的“新秩序、新生活”运动，但各种运动仅仅出现一些小的成果，暂时受到抑制的腐败现象很快反弹蔓延。万般无奈之下，1981 年时任韩国总统全斗焕推行《公务员伦理法》，首次参照当时流行的“阳光法案”浪潮规定公职人员财产登记制度，但该法案实施后公职人员瞒报不报仍大有人在，并没有取得预期效果。1993 年金泳三总统推出了公职人员财产公示制度和金融实名制，金泳三带头公布自己及家人的财产情况，对全体韩国国民震动极大。随后韩国国会多次对《公职人员伦理法》进行修正，进一步明确公职人员必须在规定的时间、规定的期限内（韩国版的“双规”）报告自己及配偶、子女的财产状况，并对报告的财产数量、取得途径等内容做出合理解释和佐证。该修正案要求具有一定级别的高级官员包括总统必须向国民公示财产信息。就算如此，还是有官员通过各种手段隐瞒资产和收入。对于不报、漏报、瞒报的官员，金泳三根据宪法发布“总统紧急命令权”实施的金融实名制并进行核查，堵住了公职人员企图隐匿财产信息的企图。我们国家也曾经历多次反腐运动，在此过程中，不断取得成果，但也存在一些问题，有些时候被讽刺为反腐越反越腐，这实际上就凸显了反腐败过程的特点。我们对此应该有信心，因为整个国家政治新秩序的建立必定需要时间和空间。财产公开制度从在这个国家因社会反腐提出到被政府接受，从立法准备到法律通过，从执行到修改完善，这个过程在一般国家往往要 5 年以上，情况复杂的国家可能经历的时间更长。比如韩国的历任总统都大力推行反腐，但是卢泰愚等多位总统都发生了贪腐的案件，这也是极大的讽刺。在我们这个受农耕文明影响的东方大国，文化传统中有很多不愿透明的文化基因，完全走向公开和透明谈何容易。所以说，任何一个带来利益博弈的政策都会经历社会某些阶层的抵触，在推行的过程中需要持续推进，只要不断地坚持终究会取得成果。

即使公职人员的财产信息公开是反腐利器的论断是科学的，也并不能指望公职人员的财产信息公开是反腐一劳永逸的唯一手段。许多国家例证表明，就算执行财产公示制度也不一定能完全杜绝腐败。到目前为止，世界上大多数国家已经建立和实施了公职人员的财产公示制度，但其中被国际组织认为廉洁程度较高的国家却较少。许多学者认为，滋生腐败的因素有很多，有些腐败的种子深深地植入了一个国家的文化之中，很难通过简单的财产公示就连根拔除。日本的学者就指出官员财产公示是不能完全杜绝贪腐和巨额资金洗钱现象的。这是因为在财务技术方面有精通金融业务和会计技术的高手和机构，通过复杂的财务处理，可以隐匿贪腐涉及的资金痕迹，完全堵住非法资金的漏洞需要严密的法律体系和高效的监管机构协同。另外，现在金融创新层出不穷，一般的监管部门和人员很难及时采取新的技术措施发现其中的变形利益输送，财产公示就因此失去了准确的基础。财产公示不光是公布公职人员有多少财产，还应揭示可能隐秘存在的关联交易和利益互换，比如投资和参股的公司是否享受了政策便利和变相利益输送。又比如，如果一个公职人员在一家上市公司担任职务，可以通过上市公司公开的信息就可以发现，而这名公职人员在上市公司匿名持股，或签署复杂的利益互换协议，民众和监管部门就很难发现。在有些国家，整个社会的信用状况等较差，就算制定财产公示制度也没有意义。在现有监管体系下实现公职人员财产审计全覆盖将产生过大的社会成本和政府行政成本。所以，我们不难看到就算是实施了严苛的财产公示制度，很多人仍会认为财产公示对反腐的作用有限。在俄罗斯，面对记者的调查，就算普京总统带头公示且对违规处罚严厉，但由于缺乏有效监督手段与核实技术，公职人员就算公示工资表上的数目，对于腐败蔓延也无计可施。在东南亚及拉美一些国家，虽然已经建立了财产公示制度，但反腐措施依然“形同虚设”。我们的邻居柬埔寨，2011 年《反贪法》在柬埔寨正式实施，大量官员按法律规定向国家反腐败机构定期申报财产信息。申报人、申报范围与世界通行的标准相似，不动产、动产、贵金属、金融资产以及借贷等都在申报之列。在制度设计时，官员每两年申报一次，但申报材料列为机密文件不对外公开，不公开、不透明就意味着社会监督无法实现，政府制定反贪腐的财产申报就因为缺乏透明而失效。那里的公职人员上任之时往往需要立下毒誓以示廉洁的承诺：“我们誓以至诚，遵守法律，毫无保留地为民众服务。如违反誓言，愿受天上神仙和有神灵物毁灭，让我们被击毙，遭雷劈，遭老虎咬死，家人分散，来世五百代遭受痛苦。”尽管有“毒誓”也有相关法律，在“国际透明”组织公布全球清廉排行榜上，柬埔寨排名依旧落后。

我国公职人员财产公示的历史与未来

笔者查阅的资料中没有显示我国历史上就有要求官吏进行财产公示的制度设计，估计是限于当时的监察技术手段较为落后，没有实施这样的制度技术基础。但在中国古代的反腐败中，各个王朝都很重视对官吏权力的制约和监督。虽然历朝历代的反腐败在形式上可以理解为都走了一个死循环，王朝初建时反腐力度较大，经过一段时间，反腐就出现虚化，而到末年贪腐日渐盛行，以至于民怨沸腾直至王朝灭亡。我国古代的反腐历程也能阐释一个现象，就是为什么我国朝代变更之所以多的原因，古代反腐给我们现代人留下的教训是值得玩味的。

古代中国没有国家的概念，更多的是王权和皇权的思想，官吏没有公权力的概念，权力是对王权和皇权的效忠，黄帝要求子嗣要“为民父母”，对百姓更多的是“父母官”的情怀和责任。王权对官吏阶层的清廉保障主要依靠严厉的反腐刑罚和自律意识，其中农耕文明的社会信用和礼教约束都起到极大的作用。对官吏的政绩廉政考核可以追溯到舜的时期，据说他每 3 年组织各部落首领评议推选的官吏，且每人需通过 3 次评议方可升职。商朝制定了专门针对官吏的反腐措施，即“三风十愆”。“三风”指巫风、淫风、乱风三种不良风气，“十愆”意即十种奢靡行为。对于出现贪财淫色、玩物丧志、不听劝鉴、狂妄自大、品行不端者在他们的脸上刺黥涂墨予以惩罚。

从春秋战国时期开始，官僚机构就出现执行反腐败职能的检察官（相当于纪委），如齐国的“五官制度”中的大谏、赵国的郎中官、秦国的内史等对官吏进行监督，后期演变为监察御史。秦朝政权三大部门之一就是御史大夫，位列“三公”，负责统率对所有官吏的监察弹劾。在地方政府中，地方监察御史与郡守、郡尉并称“守、尉、监”。秦朝时期的《秦律》对官吏的约束是很严的，明确提出官吏的“五善”“五失”，如挪用钱款，则黥，受贿则黥，重则死罪。汉朝在秦制基础上发展了对官吏的监督和考核，以《上计律》《考功课吏法》为依托，从中央到郡县、从郡县到乡里层层考核，而且实行官员回避制度以确保考核的公正性。汉宣帝时，为了拓展反腐等犯罪线索的信息来源，多渠道掌握腐败信息，颍川太守赵广汉创造了我国最早的举报箱。汉武帝时期，为了防止各地监察御史长期在地方任职，受到地方过度影响，于是在全国设立多个监察区，刺史负责监察，这就有了监察的“巡视组”制度。唐朝反腐依据的是《唐律》中的“职律”，规定贪污“二十五匹绞”即“加役流”。为加快监察官的轮替，给予监察官更多的升职机会，以鼓励监察官员工作积极性，但同时加重了监察官的违法刑责（知法犯法罪加一等）。到了宋朝时期，朝廷规定官吏贪腐为不赦之罪，为“十恶不赦”。记得宋朝有个官吏，仅仅因为喝了一口“官酒”就被罢免。宋朝还推行了对贪腐官员的“保任连坐”制度，即官吏犯罪的举荐和任命者都须连坐。与宋同时代的金国也规定：“吏犯赃罪，虽令赦不叙。”

明朝实行了中国历史上最严厉的反腐刑法。朱元璋年幼时经历过痛苦的岁月，深悉民间疾苦，内心充满对社会强权的仇视，深感贪污之弊端如不革除，吏无清明，百姓生灵必将涂炭，所以朱元璋在明朝之初就实行重刑反贪，对贪官污吏严厉惩处。在朱元璋“以猛药治腐”之下，明朝充分贯彻了“治乱世，用重刑”原则，体现对贪腐的官吏严厉惩处绝不手软，腐败终于得以阶段性遏制。明朝的《大明律》规定对官吏贪腐往往要处以凌迟等酷刑，且下级贪腐，上级连坐，父辈贪腐，儿孙连坐。为了防止形成利益集团相互包庇，广泛实行地区、亲属、师生、诉讼等官员回避制度。动员百姓参与反腐，允许百姓将贪腐官吏绑缚赴京治罪，沿途各级官府不得阻拦。朱元璋还颁布了《大诰》三编和《大诰武臣》，以反腐案例的形式列举了从重惩治贪污官吏的典型案件警示录，让全国官吏引以为戒。中央政府建有都察院负责纠察弹劾腐败官吏，对地方政府由提刑按察使司进行监察，中央派出巡按御史巡查考察府州县官。明朝通过严刑峻法，察吏安民的一系列措施，虽然重刑酷法使官吏阶层噤若寒蝉，但并没有完全刹住腐败之风，只能说在腐败文化盛行的古代官场中开创了相对廉洁的政风，整顿了吏治。

明朝反腐靠的是近似野蛮的严刑峻法，到了清朝更加推崇反腐法律和制度设计。清朝颁布了《钦定六部处分则例》《钦定吏部处分则例》等惩戒官吏贪腐的法规，其中对官吏贪腐的认定、处罚的程序和量刑等作了规定，形成了较为系统的惩戒官吏贪腐的法律系统。对官吏的监察考核实行起源于明而完备于清的“四格八法”，规定了官吏考核制度的内容与处分标准。“四格”即才（能力）、守（操守德行）、政（行政绩效）、年（身体条件），类似现代的德、能、勤、绩四个方面。每一格又分为三等，相当于优秀、合格、不合格。“八法”即贪腐、狂妄、浮躁、能力不济、平庸无为、作风不严谨、年龄超标、身体疾病这八种人，都要被清除，四格、八法是相互关联的整体。康熙末年，官员结党营私，横征暴敛，贪污舞弊成风，雍正帝就曾开展反腐吏治大运动，建立了中国历史上较为完备的反腐防范机制，完善刑法、监查制度并“铁牌定制”，在各地广为宣示，力图割除官场弊端。客观地说，清代官吏反腐制度是较为健全的，但是清朝中后期已经形成的官场“陋规”，已经成为难以割除的官场贪腐文化，因而最终导致了清朝的覆亡。

在我国历史上还有很多朝代进行了大刀阔斧的反腐，但反腐成果要么难以持续，要么反腐变异为政治内斗导致国力衰竭内乱丛生，不得不引发我们深思。古代的反腐败本质上是一种以皇权为核心，天下财富且为皇家，反腐败是自上而下的开展，虽然也建立了相应的法律法规，但是对官吏缺少常规性财产信息核实的技术手段，也没有在历史上形成以官员的财产信息作为惩治腐败的传承，以至于更多的腐败是在事发后抄家才被发现，从客观上形成了只要不东窗事发，贪腐就难以发现的格局。也许，能够实施官吏们的财产申报和公示制度，反腐防腐就相对可行。分析中国历代反腐败，牢记历史带给我们的经验和教训，对我们当前进行的反腐败斗争是具有很大意义的。确实，国家公职人员财产公示制度是世界上公认的低成本、高效率的预防性、警戒性制度设计，可以很大程度地节约廉政整体成本，形成国家公职人员不敢腐的制度框架，断绝公职人员谋取不当利益的念头，从根源上遏制了腐败发生的概率。客观上，也就是因为我国历史上缺少官吏财产申报的制度渊源，导致现在国家公职人员不习惯财产申报的做法，担心有个人隐私权被侵害的风险。

虽然，财产信息公开是防止腐败的有效制度设计，但是也有其问题。我们是法治国家，要求公职人员公示财产的法律依据在哪里？现代的国家公职人员不仅仅是有着较强纪律意识的公务员，还有各个行业领域的人员，有些人有较强的法律意识，尤其是依法维权的意识，虽然从国外的法律进展可以看出国家公职人员依法公开相关信息是今后的工作方向，但是，我国尚未建立相关法律保障，有些公职人员则认为作为公民就有权对隐私不予公开。我国法律对国家公职人员隐私信息公开的规定一直局限于党员纪律和行政规定层面，没有上升到法律层面。现行的《领导干部财产申报制度》只属于政策性文件而非法律文件。从法律的意义上，国家公职人员不按规定公开个人财产收入信息，并未违反法律。在我国司法实践中，由于财产申报公示法律制度的不完善，使得具体罪名使用和量刑存在模糊领域。由于法律的缺失，对国家公职人员财产进行稽核也没有法律依据，谁来稽核只能是组织行为。因此，目前实行的《个人事项报告制度》，更多的是引导领导干部自律，不能从法律制度设计层面起到预防职务犯罪的作用。

许多公职人员在研读相关规定时发现，相关规定要求公职人员申报大量的信息，对于必要公开的信息申报持赞成态度。但是，有些信息涉及个人财产安全、人身安全等内容，一旦公开可能产生不利影响。而且没有任何组织和个人保证信息申报后，不宜公开的信息是否会泄露，以及相关信息存储保管机制是否健全。另外，由于我国在二三十年的时间内快速实现社会经济的发展，走过了西方国家几百年才能完成的历程，取得成绩的同时必然经历许多不规范，其中可能蕴含大量的问题。如果全方位立即实行国家公职人员财产申报制度，公开的信息可能刺激广大民众。比如说，国家公职人员的房产信息，由于以前实行福利分房制度，有些家庭就可能享受两套甚至多套住房，加上自购住房就可能是一个可观的数字。要知道现在北上广深的一套住宅就可能是几百万乃至上千万，这些信息公开无疑会刺激民众的神经，可能导致社会风险的出现。任何人不敢想象国家公职人员拥有的巨额财产公之于众后可能引发的社会动荡。就在国家公职人员内部，因单位、行业、级别、领域、地区的不同而导致的收入差别很大，也可能导致国家公职人员内部的比较甚至心理失衡。

对于批评我国没有实行国家公职人员财产公示制度的人士，只能说他们对我国反腐制度的历史和现实了解不够。我国早就力图以立法的形式对国家公职人员权力进行制约，对国家公职人员的制约性法律和制度建设从来没有止步不前。我国在 20 世纪七八十年代就开始酝酿财产申报制度的建设。改革开放以前，我国的经济发展水平不高，领导干部和群众的收入差距不大，公职人员的财产信息公示无论从必要性还是社会监督的角度都没有太多的迫切，因此公职人员财产申报制度迟迟没有出台。改革开放以后，社会财富急剧增加，公职人员贪腐情况多发，社会舆论开始针对公职人员的财产信息表现出极大的关注。为了抑制腐败和回应社会关注，1988 年出台了我国首部财产申报制度的法案《国家行政工作人员报告财产和收入的规定草案》。此后，每一届的全国人民代表大会不断对此草案进行修改。期间又出台了一系列法律文件，如 1988 年出台了《关于惩治贪污罪贿赂罪的补充规定》，针对在审理腐败案件时无法说明其合理的收入确定了“巨额财产来源不明罪”，这是国家公职人员财产合法性立法的突破。有些人可能质疑我国的法律精神不是“疑罪从无”吗，为什么可以出现“巨额财产来源不明罪”？在咨询了法律专家后，给出的答案是“巨额财产来源不明罪”已经列入法律，就和“疑罪从无”不相抵触，所以说，贪腐的官员一个侥幸的念想就此断绝。1995 年党中央国务院颁布《关于党政机关县（处）级以上领导干部收入申报的规定》、1997 年中纪委、中组部联合发布了《关于领导干部报告个人重大事项的规定》、2001 年的《关于省部级现职领导干部报告家庭财产的规定（试行）》，将申报内容由收入扩大到财产，同时将债权、债务、私产等纳入申报内容之中；申报对象由官员扩大到家庭成员。2006年中共中央办公厅印发《关于党员领导干部报告个人有关事项的规定》，首先将发文级别上升至党中央和国务院，并且将财产申报制度作为重要的党内法规颁布实施。2010年，党中央和国务院办公厅联合颁布《关于领导干部报告个人事项的规定》，对申报人的范围、报告内容、报告程序做出了规定，并修改部分条款，新增了不动产、金融资产投资以及子女海外工作和投资的内容，且将监督范围从正县处级以上干部扩展到副县处级以上干部。在干部考察提拔中作为重要的评价项目进行查阅，纪检、检察部门等参与核实和办案辅助查询。较为完善的公职人员重大事项个人报告制度得到逐步完善。

《领导干部重大事项报告制度》是我国融合了反腐败、队伍建设、作风建设等多项功能的制度设计，具有我国的社会文化特色，《领导干部个人事项报告制度》规定的内容远远超过财产公开的范畴。相比其他国家，虽然目前我国《领导干部个人事项报告制度》还有需要完善的地方，但是也要看到其优越性。我国的《领导个人事项报告制度》不仅包含了财产公开，还有许多隐私性事务也要报告，比如说婚姻、出国等均需报告。我国对官员的监管不仅仅局限在财产领域，财产性利益是腐败的重要表现形式但不是全部，腐败形式多种多样，比如，权色交易，包养二奶。就算是权钱交易也可以进行权钱远期交易，以上这些都是一般性财产公开制度无法规定和发现的。因此我们可以得出结论，我国对国家公职人员的约束是规范和有效的优秀制度设计，只不过在执行层面还需要优化和提高。习近平总书记在中央纪委六次全会上说："没有明文规定一定要报的事项，报还是不报，关键看党的观念强不强、党性强不强。懂规矩就应该报告，隐情不报的，一是不懂规矩，二是这里面怕有不可告人的隐情。"《领导干部个人事项报告》是领导干部政治上清醒、经济上清楚、生活上清白的有力证明。与世界其他国家的财产公示制度相比，"财产"被范围更广泛的《领导干部个人事项报告》所替代，涵盖了领导干部的财产性利益和非财产性利益，"公示"被"报告"所代替，《领导干部个人事项报告》违规代价更为严重。虽然在公开透明程度上与其他国家制度有所不同，但它更为主动地实施有组织抽查和稽核，并且抽查和稽核的结果应用的价值更高，不得不说，我国的《领导干部重大事项报告制度》具有比其他国家制度设计上的高明之处。

面对《领导干部个人事项报告制度》的实施，有些干部不以为然，不认真阅读文件，随意填报，甚至精心策划规避填报。比如有些人隐匿财产收入，将其财产转移至其他亲友名下，利用他人名义代为持股，在境外银行存放资金财物。有些干部在被组织问询时，以不懂规则为由搪塞，这些都表现出对党、对国家的不忠不实。针对《领导干部个人事项报告》中存在的问题，加大抽查力度，精细稽查是关键手段。只有对申报的事项严加审核，方能彻底打破部分人的侥幸心理，确保报告材料的真实性，杜绝瞒报、谎报、乱报现象的发生。当然，也要预防领导干部的个人隐私信息泄露，对如实申报的领导干部的合法权益予以保证，才能让领导干部放心、安心报告个人事项。

西方国家被称为“阳光法案”的国家公职人员财产公示的操作方法，较早以前在我国一些地区也进行了试点。作为一种预防性、限制性、警示性的防腐、反腐机制，2008 年浙江慈溪、2009 年新疆阿勒泰地区首开先河，至今进行官员财产公开试点的地方从浙江慈溪到广东已接近 40 个。在这 40 个试点地区中，行政级别有所不同。银川、哈尔滨、石家庄为省会级城市，其余试点地区均为县市区。列入公示范围的公职人员大多为科级干部，只有 9 个试点地区将处级干部纳入了公开范围，参加公示的公职人员往往限定为拟提拔的干部，公示信息也多是一定范围的内部公示。经过一段时间的试点，部分地区已经停止试点。至于停止试点的原因有很多，比如新疆阿勒泰廉政网曾公开了 1 054 名官员的财产信息，使阿勒泰一下吸引了大家的关注，成为我国公职人员财产公示的先行、先试代表。可惜的是当阿勒泰官员财产公示推行者、阿勒泰地区纪委书记吴伟平因病去世后，该项试点就停滞了。还有一些试点地区，财产公示遇到较大阻力，比如湖南湘乡，原计划公开的范围很大，包括市委书记在内的全部市委常委，以及所有副县级以上干部。公开的项目是住房情况，通过网络可以查询这些干部名下的所有房产信息，在公示过程中也引起较多争议。有个别干部不愿主动配合，加上上级有关部门和领导没有强有力的支持，这次财产公示也不再继续进行。宁夏青铜峡市坚持5年后不得不暂停，原因是公示涉及的不动产、金融等信息，需要多部门协同查询与核实，而实际工作中难以协同，加上缺乏专业机构的监督稽核，公示信息失去了依据。还有一些地区的试点在上级部门的干预下已暂停，等待中央新的政策部署。虽然，有不少试点地区已经调整了工作部署，但坚持公示的地区仍然存在，比如，江苏淮安财产公示一直在坚持。2012年8月至今，该市已公示了所有新提任科级干部的个人财产信息。2008年试点至今，浙江慈溪，每年1次晒全体市管干部的家底。但以上地区的公示方式有较大的差别。大多地区的公示渠道限制在局域网或单位内部公示，还有一些地区公示信息的方式是在干部大会上宣读。公示也往往限定在很短的时间，过期难以查询。

这种国家公职人员财产进行公示契合社会公认的价值标准，有利于稳固政府与民众的互信关系，有利于塑造廉洁政府形象。就《领导干部重大事项报告制度》产生的效果而言是成功的，但为什么社会上还有这么多指责和不理解，这就需要深入研究。原因就在于我国目前实行的《领导干部个人事情报告制度》的特点，一是涉及的人员范围过窄，规定是县处级以上干部必须报告，而科级及以下的公职人员不需要申报。我国处级以下公职人员数量众多，与百姓联系也非常紧密，低级别公职人员出现贪腐的现象对百姓的影响巨大。未来，如果将科级及以下干部纳入报告范围，全面对公职人员做统一安排，全方位防止滋生出腐败行为就可以弥补这一不足。其二，《领导干部重大事项报告制度》可以说是体制内运行的一种制度，目前是内部申报，上级核查或抽查，虽然规定凡提拔必查，但涉及的人员比例较低，发现问题一般不予公开，公民很难查询到具体信息。远没有扩散到公共部门系统外，社会上难以获得相关信息，在系统内也难以查询，一个封闭运行的制度就难免被质疑和不信任。对于一般的公民来说，只有系统内的报告而没有公示，报告就失去了其存在的意义。其三，由于稽核的技术和稽核的范围有限，对于经过技术处理和变通的问题很难查实。在已经公布被查处的干部犯罪案件中，涉案金额巨大，数额远远大于正常的财产水平，而案发之前，这些官员大多没有如实申报，官员申报内容也无稽核，不实申报和申报走过场已经使该项工作被质疑流于形式。按工作程序的合理性原则，国家公职人员财产申报制度申报、公示、稽核和问责各环节缺一不可。之所以稽核困难，是因为相关部门没有法定的稽核地位，就算有组织授权，稽核手段和技术也限制工作开展。比如无法集合金融、证券、不动产等信息进行比对，无权审查客户交易记录，各部门之间甚至部门内部的信息形成信息孤岛。有能力开展信息稽核的第三方机构没有法律授权。财产申报后续稽核监督的缺失，导致威慑力不足，违规处理不严，公开范围不够，降低了申报制度的有效性。全面实施公职人员财产公示所需要的金融、不动产、证券等系统的数据共享与互通，稽核机构和人员力量不足，全面实施公职人员信息的公示需要一个庞大的稽核机构和队伍，这是在短时间内很难完成的。随着国家大数据规划的完成、信息互联互通的实现，今后，公职人员的财产公示在技术上就具备了条件。现有规定要求申报的收入只能反映国家公职人员公开的当期收入的部分增量，无法呈现全部财产总量，比如现金存款、珠宝玉石、财产性收入。现有规定未细化初任申报、任期内申报和离职申报，无法做到过程性监督，不利于贪腐监督和预防职务犯罪。所以，社会上不满意的声音还是存在的。

世界各国反腐实践经验表明，国家公职人员财产信息若向公众公开，权力寻租的空间就被压缩。我国许多地方的相关工作已经进行了有益的摸索，但是遇到的问题还较多，对法律制度的制定和实施仍有争议，包括对其推出的时机和具体实施方式也没有形成共识，涉及部分领导干部的隐私，如何经过脱敏处理后把能够和应该公开的信息进行公示。全面实施公职人员信息的公示制度需要进行周密的政策评估，我国存在民族、地域文化的差异，还需要出台与之配套的法律法规。有人说，过去的一段时间属于我国特定的历史时期，由于缺乏监管和私欲膨胀，许多国家公职人员利用手中的权力大肆以权谋利，权钱交易、权权交易、权色交易、贪污受贿屡有发生，公示公职人员的财产信息会造成极大的社会隐患和民众不满。国家管理层担心大范围的财产公示会引起社会动荡和民众不满，因此在这个问题上进展缓慢，这种说法有一定道理但不全面。习近平总书记早就提出，要给权力形成制度的制约，即权力的笼子，实行全面公职人员财产公开制度，在制度上限制了官员贪腐的空间，使官员失去了贪腐的动力，让那些腐败的国家公职人员邪恶的私欲无处遁形是我党、我国治国理政的目标。任何制度单纯为了惩处都是错误的，良性制度的设计更多的是应该进行教育和引导，另外也要保护干部的成长，而不是一味打击和监控。目前社会的整体心态还不健康，理性思维还不成熟，存在极端的民粹主义和仇富仇官心理，加上媒体从业者追求轰动效应的新闻报告都有可能在财产申报工作中形成不良反应，导致国家公职人员心里抵触和怕事懒政的现象。这些可能的偏差都要进行细致的制度设计，也要把握工作尺度，防止对干部造成过度困扰。另外，治理腐败是一项综合性、复杂性的系统工程，不是财产申报一项工作就能彻底解决的，所以对制度的功效不能过分迷信和抬高，需要其他制度予以配合。但从近年来我国反腐实践看，国家公职人员涉及财产等信息公开制度的立法已经迫在眉睫。无论公职人员财产公示政策在什么时间点实施，作为有效遏制当今社会腐败的重要手段，国家公职人员的财产公示制度经过试点已经在中国种下了种子，迟早会开花结果。试点已经证明，作为公共事务的管理者，一旦个人财产信息透明化后，也可以防止谣言四起，杜绝有不良企图的群体和个人借此诋毁政府和公职人员，塑造良好的政府形象。

国家公职人员实际收入与生活状况

许多人都持有一个观点，公职人员尤其是公务员是社会财富的占有者，是高收入人群，甚至有每一个公职人员都是“贪官”的极端观点。而与此同时，网络上不断出现公务员晒工资哭穷。公务员群体乃至公职人员群体的收入到底怎么样？他们穷吗？对于这个问题，不能给出一个笼统的回答，要进行全面的分析。首先说，如果是一个贪官，他的穷和富已经不在考虑之列，因为他们的财富无法正常估算，但更多的普通公职人员是没有机会收受贿赂，贪污公款的，所以不能以贪官为标准。就算有些贪官善于伪装，善于装穷，一旦事发后巨额的赃款足以令人震惊。其次，一个公职人员的穷和富，与他的家庭、工作性质等多种因素有关，比如，一个公职人员家庭夫妻都是中高级公职人员，有固定收入，且很早就有住房，子女教育开支正常，那么他们的收入就会显得充裕。而另外一个普通公职人员家庭需要偿还高额的房贷，还需要赡养父母，生活就会显得拮据。收入和职务、职称、岗位、部门都有关系，高级别的官员和专业技术人员的工资收入较高，而且专业技术人员可能通过技术服务、课题、讲座等方式获取额外收入，他们的收入就比刚入职的年轻人高出许多，在社会上也属于中高收入人群。而普通公职人员，他们的收入来源单一，工资不高，需要开支的项目较多，真正感觉生存压力的其实是他们。但是，遗憾的是普通公职人员的生活境遇并不被民众所同情和理解。在诸多贪腐案例和不当言论的渲染之下，让民众对官员的财产充满了无穷想象，从而忽略了普通公职人员的窘迫。笔者认识一位省直机关的公务员，国内一名牌大学法学硕士，2011 年经过千军万马考进公务员队伍，其女友在 2012 年也入职在另外一个省直单位，两人全年工资收入合计不到 9 万，扣除房租、水电、通讯费、网络费、交通费等开支约 3 万，伙食费、服装费等约 4 万，其他人情等开支 1 万，剩余不足 1 万元，而其所在城市的房价在 1 万元/平方米，一套住房就需要 100 万，他们戏称百年后再住。而这位法学硕士的同学就职在同一城市的律师事务所，平均每月的收入在 2 万元，已经首付一套公寓，而且买了一辆十几万的汽车。与其他同学相比这位公务员倍感“压力山大”，生活到处都需要用钱，在现实面前过去的理想信念多次动摇，甚至心生辞职的念头。

我们以网络上一个 2015 年合肥公务员收入调查为例[①]（其中有删改）。

① 祝亮：《我省公务员每月到店拿多少钱?》，《市场星报》2015 年 5 月 18 日。

调查一：公务员收入多少怎么算？

主要由四个部分组成：职务工资、级别工资、生活津贴、工作津贴，另外还包括通信补贴、提租补贴等。其中，前两项实行全国统一标准，由中央财政支付；后两项由地方财政或各部门财政支付。除此四项外的通信补贴、提租补贴等项目也就每月一两百元左右。科级每月实发工资在3 500元左右，处级每月实发工资在5 000元左右。

调查二：厅级干部一个月收入有多少？

应发工资7 000多元，拿到手5 500左右。省直机关一位副厅级公务员，他的职务工资为每月1 080元，级别工资在1 350元左右，生活津贴为2 706元、工作津贴为1 804元，通信补贴330元，提租补贴200元出头，应发工资合计在7 400元左右，代扣项目有将近1 900元，每月拿到手的实发工资在6 000元左右。

调查三：新入职的科员工资如何？

每月应发工资在4 000元多一点点，去掉代扣项目，每月实发工资在2 900元左右。

调查四：公务员还有啥"隐形"福利？

住房公积金较高，每月还有几百餐贴。

通过各种调查和资料比对，目前，在全国的行业职工平均工资中，公职人员尤其是公务员的平均工资排名处于中等位次，现在的公务员已经失去了过往的光鲜，原有的一些灰色收入在规范管理后消失殆尽。在社会上与亲朋好友相比，收入相形见绌。结婚、买房、生育、子女教育诸多压力已经不堪重负。一面是福利待遇较低，另外一面是单位工作压力巨大，平时"5+2""白加黑"，不分白天黑夜加班开会是常态，晚上还不允许手机关机，随时接受任务，过去常有的加班工资大多不再发放。在以往，公职人员通过兼职、技术服务、讲课等形式可以获取其他报酬。通过领导干部兼职兼薪活动的治理，大部分公务员已经不再兼职兼薪。在一些事业单位也正在进行清理，其他的兼职收入也会被限制，比如说公办学校教师不得到校外社会办学培训机构兼职兼课；不得组织学生接受有偿家教。卫计委出台的《医师定期考核管理办法》规定，医务工作者未经所在机构或者卫生行政部门批准，不得擅自在注册地点以外的医疗、预防、保健机构进行执业活动，否则考核认定为不合格。事业单位工作人员即使因工作需要兼任职务但不领取报酬，除非相关地区、行业、单位有另行规定的除外。中国共产党党纪也有相关规定，如《中国共产党党员纪律处分条例》第八十八条规定：违反有关规定从事营利活动，有下列行为之一，情节较轻的，给予警告或者严重警告处分；情节较重的，给予撤销党内职务或者留党察看处分；情节严重的，给予开除党籍处分：①经商办企业的；②拥有非上市公司（企业）的股份或者证券的；③买卖股票或者进行其他证券投资的；④从事有偿中介活动的；⑤在国（境）外注册公司或者投资入股的；⑥有其他违反有关规定从事营利活动的。利用职权或者职务上的影响，为本人配偶、子女及其配偶等亲属和其他特定关系人的经营活动谋取利益的，依照前款规定处理。违反有关规定在经济实体、社会团体等单位中兼职，或者经批准兼职但获取薪酬、奖金、津贴等额外利益的，依照第一款规定处理。《中国共产党党员领导干部廉洁从政若干准则》第一章第二条规定："禁止私自从事营利性活动。不准违反规定在经济实体、社会团体等单位中兼职或者兼职取酬，以及从事有偿中介活动。"第十五条规定："本准则适用于党的机关、人大机关、行政机关、政协机关、审判机关、检察机关中县（处）级以上党员领导干部；人民团体、事业单位中相当于县（处）级以上党员领导干部。《公务员法》规定：公务员因工作需要在机关外兼职，应当经有关机关批准，并不得领取兼职报酬；公务员不得在企业或者其他营利性组织中兼任职务。"《事业单位工作人员处分暂行规定》规定：事业单位工作人员不得违反国家规定，从事、参与营利性活动或者兼任职务领取报酬。根据新华社 11 月 7 日公布的消息，中共中央办公厅、国务院办公厅印发了《关于实行以增加知识价值为导向分配政策的若干意见》，该意见指出，允许科研人员和教师依法依规适度兼职兼薪，包括允许科研人员从事兼职工作获得合法收入和允许高校教师从事多点教学获得合法收入。意见明确，科研人员在履行好岗位职责、完成本职工作的前提下，经所在单位同意，可以到企业和其他科研机构、高校、社会组织等兼职并取得合法报酬。鼓励科研人员公益性兼职，积极参与决策咨询、扶贫济困、科学普及、法律援助和学术组织等活动。意见强调，科研机构、高校应当规定或与科研人员约定兼职的权利和义务，实行科研人员兼职公示制度，兼职行为不得泄露本单位技术秘密，损害或侵占本单位合法权益，违反承担的社会责任。兼职取得的报酬原则上归个人，建立兼职获得股权及红利等收入的报告制度。意见指出，高校教师经所在单位批准，可开展多点教学并获得报酬。鼓励利用网络平台等多种媒介，推动精品教材和课程等优质教学资源的社会共享，授课教师按照市场机制取得报酬。①

从以上的党纪党规可以看出，作为执政党对党员领导干部的要求是严格的，而对于一般公职人员的政策要求就相对有弹性。一方面国家出台的《中共中央国务院关于进一步加强人才工作的决定》文件中提出："鼓励专业技术人才通过兼职、定期服务、技术开发、项目引进、科技咨询等方式进行流动。"这就是为专业技术人员的兼职等留出了政策的空间。中纪委在回答此问题时说：科级及以下人员（包括专业技术人员）兼职或者兼职取酬的问题需要区分不同情况处理。公务员以及参公管理的人员，应当遵守《公务员法》中关于兼职问题的规定。事业单位中的科级及以下人员，应当遵守《事业单位工作人员处分暂行规定》中兼职问题的规定。

从以上的文件梳理就知道大多数公职人员获得收入的渠道和方法是有限的，公职人员的身份决定了额外途径赚钱的困难，因此希望社会上多一点理解，不要以为公职人员都是富得流油的群体，更多的人也是在为了维持生活而不断打拼。最近几年不少官员辞职下海的新闻不断爆出后，在与一些公务员等公职人员交流时，一谈及待遇、工作压力就会触发他们的感慨，待遇低、压力大、干活累、升职慢成为他们反映最多的问题，说到某某部门某某人辞职下海了，年薪多少都会激发出他们羡慕的表情。作为国家公职人员他们理应有较高的政治觉悟，淡泊名利，一心为公，但是，公职人员毕竟是生活在社会中真实的人，他们需要有职业的尊严、职业的待遇、职业的保障，任何人都会进行利益的权衡，出现公职人员"良禽择木

① 《中办、国办：允许科研人员和教师兼职兼薪》，凤凰网 2016 年 11 月 8 日。

而栖”的现象也就可以理解，但是笔者担心的是公职人员队伍中出现“劣币逐良币”的现象，大量优秀人才流出公职人员系统。要知道能够顺利交流出系统在社会其他部门获取岗位和机会的人员，除了少部分是利用原来职务和权利的影响，动用官场人脉弃官从商谋取利益的以外，更多的是具备优秀素质和能力的人方能成功获取并持久生存下来。而政府机构等公共部门的工作是需要大量优秀人才支撑方能做出有效的创新、高效的服务、优良的效能。有些人可能认为地球少了谁都照样转，有了公共权力谁都能将工作干好，国家治理好，况且我们有制度保障，是铁打的营盘流水的兵不怕谁不干。笔者只想说那些迷信权力论和制度论的人需要清醒，权力固有的威慑力只能让大家畏惧，不足以治理好国家。在国家、社会、组织管理中制度仅仅是约束性的条件，制度是管理效能中平庸的管理模式，任何一个组织都难以通过制度管理产生优秀的结果，过多依靠制度只能管理出平庸的团队，一帮平庸的人也能治理出高效优秀的国家？只能说太书呆子了。之所以定义一个人是否是优秀的人才，除了这个人有优秀的禀赋以外，还需要长期的磨砺方能塑造出来，长期的公共事务管理经历历练了公职人员，而且这些经历已经由全社会付出高额的成本，一旦他们流出就等于全社会的付出流失。现在国家已经发展到一个新的高度，许多工作面临新技术、新市场、新理论，缺少了优秀人才的支撑就会出现许多奇葩的政策，以至于出现朝令夕改、效能低下、监管措施滞后等诸多问题。这些问题的出现是国家的损失、社会的损失，每一个公民都要分摊其成本。党和政府为了加快实施创新驱动发展战略，发挥收入分配政策的激励作用，2016 年 11 月 7 日中共中央办公厅、国务院办公厅印发了《关于实行以增加知识价值为导向分配政策的若干意见》，这个意见强调实施以增加知识价值为导向的分配政策，激发和释放广大科研人员的积极性、主动性和创造性，鼓励多出成果、快出成果、出好成果，推动科技成果加快向现实生产力转化，这无疑对科研人员来说是巨大的利好。当然，对于公职人员个人来说，不论从政还是从商，都是为国家、为社会、为人民做有益的工作。所以，无论在什么工作岗位上，要将好的作风带到新的岗位，使务实廉洁影响周围环境，踏踏实实做好工作。但站在国家管理的高度，在全面深化改革的关键时点和面临诸多难题时，能够在公共管理部门的体制内集聚一批“想干事、能干事、干好事”的优秀公职人员，给予他们符合能力价值的薪酬、给予他们晋升的机遇、给予他们展示的平台、给予他们试错的宽容，让能者上、庸者下，这才是我国最合乎利益的选择。社会的有序管理，依靠高素质公职人员队伍的稳定，在价值判断理性化的背景下，就需要匹配相应的薪酬。适度提高公职人员薪酬水平，改革和推进利益分配机制，构建在奖惩体系基础上的激励机制，也为公职人员提供了利益补偿。

第6章

大数据与公职人员管理创新

通过成熟高效的公职人员管理体系，实现优质的国家和社会管理，是世界各国都高度重视的问题，而在我国更是提高到为夺取全面建成小康社会伟大胜利提供有力组织保证和人才支持的高度。我国目前实行的公职人员管理是在《公务员法》《事业单位人事管理条例》等一系列法律法规基础上，通过思想建设、素质能力提升，不断优化管理流程，实现公职人员队伍建设。比较中国传统的吏治管理思想和国外的公职人员管理，我国的公职人员管理具有鲜明的中国现代特色。虽然有很多批评的声音，我国公职人员的管理经过多年的实践积累，取得的成绩是应该肯定的，这点可以通过我国社会经济发展各方面取得的成就得以验证。但是，随着社会经济成就的取得，国家公职人员管理中的一些问题也凸显出来。过去，我国的公职人员管理工作有着强大的思想保证，有着刚性的纪律约束，这些都可以成为大公无私、奋力拼搏的工作动力。而随着市场经济的发展和思想多元化的影响，传统的思想教育的效用在一定程度上弱化了，固有的思想基础发生了变化，无私奉献的精神变成了理性职业的选择，奋力拼搏的动力变成了职场利弊的权衡。随着贯彻中央八项规定力度的加强和反腐倡廉建设的不断推进，原先已经习惯的违规作法、超常的物质激励措施得以规范和取消，部分公职人员因失去物质激励，出现了不思进取、为官不为的情况。为了治庸治懒，有些地方和部门采取了一系列的管理措施，有些管理措施是结合了新的技术手段实施的，管理效果可能有一定作用，但是往往会忽略公职人员的隐私，甚至是以侵害公职人员隐私为代价，因此，在管理过程中可能会使公职人员产生反感和抵触。这里要说明的是并非新的技术手段都一无是处，新的技术手段如果运用恰当，反而能够提供有效激励的技术基础。在各种因素的影响下，不断出现了优秀人才流失的情况，甚至出现公职人员队伍中“劣币逐良币”的现象。这种现象必须引起重视，否则国家和社会的发展将会失去有效的公共管理队伍人才支撑，高水平的基层事务管理到国家管理都会难以实现。基于技术分析的角度，本章提出了适当的解决方案，实现约束与激励的融合，以保护公职人员的合法权益。在进入互联网时代后，我们也需要在互联网思维下思考公职人员的管理创新问题，在这里尝试通过新的技术、新的理念探讨公职人员管理与激励。

公务员考核的创新

党中央国务院高度重视公职人员队伍建设，在《关于深化人才发展体制机制改革意见》中强调：“健全党管人才领导体制和工作格局，创新党管人才方式方法，为深化人才发展体制机制改革提供坚强的政治和组织保证。”习近平总书记指出：“办好中国的事情，关键在党，关键在人，关键在人才，综合国力竞争说到底是人才竞争。”公职人员中公务员是最为重要的群体，公务员具有公职人员的代表意义。如果能够实现公务员管理的创新，其他类型的公职人员的管理创新也就能探索出有效的路径。在公务员的管理中，考核工作具有代表性意义，所以进行考核管理的创新是引领公务员整体管理创新的关键。

综览和比较各国的公务员考核管理，各国的管理思想和管理手段既有相似之处，又有所不同。有些国家强调法律和制度的规范作用，规定考核程序和考核内容，强调对“人”的约束。有些国家不单单依靠成文的法律和制度，还强调“人”的激励。美国等国在公共部门人员考核中注重通过人员考核以实现本单位的未来目标，人员考评与机构考评相结合，使考核成为机构整体工作改进提升和个人激励与发展的过程。日本公务员考核围绕“为全体国民服务”的宗旨，强调将服务对象的反馈意见纳入考核指标体系。从法律和制度设计上看，各国的公务员考核管理也是一个渐进的过程。美国联邦政府对公务员和雇员的绩效管理先后经历了三个阶段：从1883年实施的《彭德尔顿法》开始，到1978年卡特政府出台的《公务员制度改革法》，再到2005年美国人事管理署（OPM）的《公务员绩效管理操作手册管理法》，从管理制度上实现了美国联邦政府公务员绩效管理的科学化。虽经历了多轮改革和创新，各国在公务员考核方法和成效方面仍然存在诸多问题，比如公务员职级、岗位类型、工作内容不同，整体性考核存在着所谓“约束与激励冲突”的“世界性”共性难题，需要进行不同岗位类型的“差别化考核”改革等。从国内考核实践看，目前公务员考核法律法规已经较为完善，但考核指标体系并不完备，考核内容和标准设计不尽合理，存在着不同岗位特点难以衡量、廉政风险难以防范、考核方法单一、考核程序不规范等问题。因此在大数据的助力下，我们要创新考核机制体制，以绩效优化为考核核心，解决不作为的问题；重视公务员的生存状况与职业发展，解决工作积极性保护与激励的问题；强调服务对象和独立第三方评价在考核中的作用，避免考核系统性误差问题。现在有必要从考核技术和考核组织管理角度建立一个全面的考核框架，寻找到促进绩效可持续改进的方法，构建促进作风建设提升的考核制度，实现我国公务员考核瓶颈的突破。

我国现行的公务员考核体系是经过多年的工作探索与实践，借鉴各国的公务员考核经验，不断积累和创新形成的。在新中国成立以后很长时间没有正式的国家公职人员考核机制，这是因为没有公务员制度，所以谈不上公务员考核。改革开放后，单纯的政治审查式考核已经不能满足工作中心的转移和国家公职人员素质能力评价的需要。1979年11月，中组部下发了《关于实行干部考核制度的意见》，对干部的工作鉴定首次明确用考核代替政治鉴定。文件指出，“干部考核的标准和内容，要坚持德才兼备的原则”。文件中所指的干部包括政府部门、企事业单位有一定级别和职务的工作人员。那时还没有进行公务员的分类，当时考核的核心是德才两个重要维度。1987 年，党的十三大报告针对国家工作人员活力、效率、积极性的提高等方面，推动干部人事制度的改革。报告认为“国家干部”这个概念过于笼统，缺乏科学分类；管理权限过分集中，管人与管事脱节；管理方式陈旧单一，阻碍人才成长。针对工作人员身份不明确的问题，提出对“国家干部”进行合理分解，建立科学的分类管理体制，对政府部门、事业单位、企业所属各类人员进行分类管理，探索建立公务员制度，制定法律和规章，对政府中行使国家行政权力、执行国家公务的人员，依法进行科学管理。明确提出通过建立国家公务员制度，将国家公务员分为政务和业务两类进行分类管理。对公务员的考核，提出依法定的标准和程序进行评价，公务员的升职、降职以及奖惩应以工作实绩为主要依据。党的十三大报告成为我国公务员管理迈进现代化的标志。1993 年 4 月 24 日，国务院常务会议通过了《国家公务员暂行条例》，1993 年 8 月 14 日正式发布，自 1993 年 10 月 1 日起施行。该条例第五章对考核工作进行了规定，要求对国家公务员的德、能、勤、绩四个方面进行全面考核，明确重点考核公务员的工作实绩。考核在秉承客观公正的原则下，体现民主与集中，实行领导与群众相结合、平时与定期相结合的平时考核和年度考核。在年度考核的程序上进行细化，规定先个人总结，再由主管领导人员在听取群众意见的基础上写出客观的评语、提出适用具体考核等次的意见，经单位考核委员会或者考核小组审核后，由单位负责人确定考核等次。针对具有一定级别的国家公务员，不能采用一般的考核程序，必要时进行民意测评或者民主评议。当时的年度考核结果分为优秀、称职、不称职三个等次，年度考核具有结论性质，其结果作为对国家公务员奖惩、培训、辞退以及调整职务、级别和工资的依据。为了更好地实施考核，各部门随后制定配套了 13 个辅助性办法和具体实施细则，实现了有法可依，为公务员考核明确了具体操作规程，为公务员管理上升至法制化层面奠定了基础。2005 年 4 月 27 日，十届全国人大常委会第十五次会议审议通过了《中华人民共和国公务员法》，自 2006 年 1 月 1 日起施行。在第五章考核中规定，按照管理权限，全面考核公务员的德、能、勤、绩、廉，重点考核工作实绩。定期的年度考核的结果细分为优秀、称职、基本称职和不称职四个等次。2008 年 12 月 2 日，中国国家公务员局发布《公务员考核规定（试行）》，在总结前期考核实践工作的基础上，对公务员考核做出了详细的进一步规范，明确了考核原则、内容和标准、程序、结果的使用等环节。比如明确该规定所称公务员考核是指对非领导成员公务员的考核，对领导成员的考核，由主管机关按照有关规定办理。明确德、能、勤、绩、廉这些考核重点的含义和范围。再次明确优秀、称职、基本称职和不称职各等次的标准和考核结果的使用，如累计五年被确定为称职以上等次的，在所任职务对应级别范围内晋升一个级别；被确定为优秀等次的，当年给予嘉奖；连续三年被确定为优秀等次的，记三等功。至此，随着我国公务员制度正式以法律的形式确立，在总结了多年来对公务员考核实践的基础上，经过多次调整，公务员考核制度也逐渐从探索走向成熟，形成了比较系统的公务员考核体系，实现了正确评价公务员的德才表现和工作实绩，促进了公务员勤政廉政、努力提高工作效能。既对鉴别公务员的政治素质、工作状态和工作实绩提供了系统性安排，又为公务员的培训、使用、奖惩、晋升提供了依据，支撑了高素质的公务员队伍建设。

任何一个工作都难以取得百分之百的满意，在公务员考核工作运行多年后，各地、各部门也发现了一些问题，需要创新和调整。由于公务员考核国家层面的设计更多是考虑整体工作的制度性安排，具体的考核工作尤其是具体的考核指标体系设计需要进行细化，而考核指标的细化需要科学的设计。比如，不同岗位工作特点不同，能力类型要求不同，工作量和工作特点不同，工作结果的形式和要求不同，缺乏可定量的、可比较的指标体系就难以衡量。在这么庞杂的系统中到底谁的工作有成效、谁的工作有问题，需要能够有横向、纵向多维角度的考察，而且开展相对客观的考核就需要对考核项目进行量化指标设定。而在实际工作中，任何一个从事考核的工作人员都面临一个巨大的困难，没有可参考的适合具体岗位职能和特点的细化、量化考核指标，难以进行精细化量化的考核，只能以各项指标的定性考核为主，导致考核过程和结果存在较大的模糊边界。由于参与考核的同志只能以主观的判断为依托，人为因素在结果中的影响难以避免，难以保证考核结果的客观准确公正。善于维系人际关系的工作人员在考核中可能获取较好的结果，而不善交际的人就可能被忽略和不公平对待。传统的考核难以有效解决不同岗位间工作量的差别、工作态度和积极性的差异、行为规范等问题，干得好并不一定考核结果好，这无疑挫伤了部分公务员的工作积极性。不同岗位性质的公务员，如管理类、技术类、行政执法类和司法类等，其工作性质、工作要求和责任不同，这就要求对不同类型的公务员考核采取与综合管理类公务员考核有所不同的考核标准和考核方法，但又如何设计差异化的分类考核办法，对此目前还没有明确的意见，相同的考核程序和办法应对差异化的工作就显得苍白。

在公务员考核评价中需要对部门、人员进行评价等次的认定，《公务员考核规定（试行）》中没有具体规定各等次的比例，在大多地方和部门采用经组织研究后划定公务员考核优秀等次、先进集体比例的程序。这种做法有效地控制了优秀等次过多过滥的问题，进而严肃了公务员考核工作，保证了获得优秀等级个人和集体的质量，在一定程度上体现了罚劣奖优的原则。对优秀名额进行划分，就存在如何分配的问题，各地、各部门最常用的办法就是层层分解名额。这种办法看起来很公平，不至于引起太大的矛盾。但是有些部门工作量巨大，工作成效明显，有些部门工作清闲，纪律涣散，考核结果可能出现工作实绩较差的部门同样有同比例的优秀名额；而承担或处于工作量较大、工作难度较大、智力创造要求较高的部门和岗位，却因为比例限制而无法客观公正地获得更多的优秀等次。在一些部门，为了不产生矛盾，对于优秀的产生采取投票制。这种办法看似民主，实则不科学，因为面对利益，小团体内可以轻易通过私下的沟通形成倾向性结果，不仅不公平，还败坏了风气。在一个部门内，又可能为了“和谐”，相互间达成默契，采用论资排辈或轮流坐庄的方式产生优秀，这就不能体现考核实绩的工作要求。对于基本合格、不合格等次的评定，一般不会轻易推出应用，否则担心伤及感情，破坏团结，因此也会导致一部分人肆意妄为，不把工作纪律和职责看在眼里、放在心上，实际上纵容了风气的败坏。

现行文件中的原则性表述条款是考核评价体系中执行层面的主要表现形式和参照系，但是这些抽象的概念在实际操作中难以把握，其操作层面的弹性太大。比如：公务员道德品行考核存在定性成分较多的问题，其中，德包含思想政治素质、个人品德、职业道德、社会公德等诸多方面的表现。在开展考核时，如何对一个人进行道德层面的定性呢？无论是同事还是上级，除非是在特殊的情况下，是无法全面、深入地考核评价一个人的道德状况问题的，就算得出结论也是回归定性的结果。比如其中要求公务员思想政治素质高的问题，具体表现为公务员在公共权力行使过程中要忠于国家、忠于党和人民、更要忠于法律，保证依法行政和保持廉洁自律等维度的考察，以上这些都很重要，但都存在难以准确衡量的问题。既然是考核的重要指标，一般就应该包含几个维度层面的问题，比如公务员“能”的范围和标准到底应该是什么？把具体琐碎的工作完成算不算能力？创新开拓如何与做琐碎工作做横向比较？能力的表现还有其他外在的因素，外在因素不存在就会出现“巧妇难为无米之炊”的现象又如何看待呢。还有在“清正廉洁”范畴中，“工作责任心强，勤勉尽责，工作作风好”这些规定更多的是概念和口号，没有实质的内容和准确的界定，导致操作时弹性大，缺乏刚性约束。

公务员的考核工作应该正确评价公务员的德才表现和工作实绩，总结工作中存在的问题，是一项以促进公务员群体勤政廉政、提高工作效能、打造高素质的公务员队伍建设为目标的系统工程，但是近年来在相关工作的调研时发现，目前的考核出现了结果弱化的现象。比如，有几个贪腐公务员是在考核时被发现的或在考核时受到了警示？这种现象的出现使得我们要对考核本身的设计和执行进行思考。从考核的具体操作上看起来，由组织部门、人社部门、纪检多部门参与，似乎齐抓共管，实则权责不清。从考核的指标设计上，现有的考核体系侧重于对公务员过去、现状的综合描述，而对变化着的人无法预判其未来的发展和动态趋势，难以为干部的培训、晋升、岗位调整、心理干预提供有价值的判断信息。个人身心健康是衡量公务员是否适合某一岗位的重要因素，也是保证工作有序的基础条件，而考核中没有涉及。上级部门也未能通过考核选择适当的正向激励措施，通过加强监督管理和教育培训，引导公务员群体调整工作压力和情绪，出现懒政怠政现象也没有好的办法解决。公务员个人出现抑郁、心理失衡、职业倦怠等异常情绪和状态时，需要及时介入调适，而失去及时的信息把握，上级部门难以发现异常状态、进行及时干预。在调研中发现，各部门的工作量、工作难度、周期性都存在差异，如果僵化地执行各部门职能和分工，无疑会导致效率低下、资源未得到优化配置。而现有的考核难以量化不同岗位和部门的工作量、工作难度，不能判断周期性特点，使得部门之间合理的临时性人员、工作调配难以实现，资源不能充分利用，从而造成部门、岗位间工作忙闲不均的情况长期存在。

从以上对目前我国公务员考核工作的整体研读和分析可以得出结论，当前的公务员考核以《公务员法》和《公务员考核规定（试行）》为基石，但仍存在以下问题：考核法律法规、考核指标体系不完备；考核内容和标准设计不尽合理，不同岗位的特点难以衡量；廉政风险难以防范，考核中责任划分不清；考核有时流于形式，考核方法单一且不合理，考核程序不规范；缺少平时考核，无法预测动态和未来，公务员考核结果作用有限等。这使得分类管理、等级量化评定、懒政怠政、激励与奖励、评价体系模糊等瓶颈问题长期无法决。因此，进一步推进公务员管理的科学化，不断深化人事制度改革，借助大数据等技术助力公务员的考核与激励，是现阶段我国需要着力解决的问题。

基于大数据的公务员考核评价的可能

近年来，随着大数据技术的发展与创新，大数据技术展示的技术特点促使人们在审视问题时的思维方式和管理手段实现了突破，超越了传统管理依赖经验判断的瓶颈，管理分析的基础和视野有力地支撑了高效的行为决策。大数据技术依靠计算机，具有了超强的数据获取、存储、管理和分析能力。人们借助于大数据技术，可以挖掘多源数据信息中蕴含的规律，就像谷歌的“阿尔法狗”那样，拥有强大的深度学习能力。如果将这种技术运用到社会管理中，就可以实现传统管理中无法企及的成果。人们看到了大数据技术在管理中巨大的价值，纷纷将大数据引入各个行业领域的管理之中，成为创新管理重要的驱动源泉。在很多商业领域的成功应用预示着将大数据引入公务员考核与评价领域，同样可以发挥传统方式无法比拟的作用。美国哈佛大学社会学教授加里金较早时就形容大数据在管理中的应用将是一场人类的革命，基于无限体量的数据资源，使得社会管理领域可以实现量化分析和精准决策。李克强总理基于大数据应用前景的判断，高度重视大数据技术在国民经济、社会管理中的潜在作用，“互联网+”理论的提出也指明了今后社会管理依靠大数据分析、判断和管理的巨大价值。

就谋求公务员考核制度创新本身而言，反映出国家公务员考核管理理念的变化，注重结果导向、约束与激励并重、日益规范化和科学化等特征；就效果而言，目前公务员考核仍有相当的创新空间。对于公务员考核中存在的问题，相关部门进行了大量的调研，调整了许多具体操作流程，比如加大平时考核在整体考核中的比重，但是这些考核理论和实践的创新都无法真正实现令人满意的效果。引入大数据进行公务员考核管理与决策，使用信息技术、社会学、心理学和管理学等多学科理论和方法进行跨学科综合研究，运用系统分析方法，将多目标管理作为一个有机整体进行系统考察。在考核中综合运用定量分析和交叉互验方法，在大数据分析实验样本的基础上，分析目标样本存在的问题，研究目标样本演进过程、动力机制以及传导机制，把归纳和演绎相结合，这样就可以提出完善公务员管理的一些方法及建议。比如说交叉互验，在传统的考核中，工作人员汇报某项工作取得较大进展，但从提供的有限材料中无法判定其真实性，而大数据可以通过其他渠道获取的资料进行验证，多维的验证信息可以判定其汇报的可信度。涉及公务员考核的数据分散在个人终端、政府机构、金融机构、媒体以及各类组织产生、存储和公布的信息中，散布于各种网络系统和网络终端的数据呈现出初始的庞杂，但各种形式的数据中隐含着有迹可查的规律和有价值的信息。比如，考察一个单位的工作纪律情况就无须派人进行暗访，只需要通过这个单位每天出入人员的手机定位信息，日积月累就可以形成这个单位上班下班的考勤报告。每一个人都难以摆脱对各种信息平台和信息源的接触，个人移动终端、互联网、内部办公系统、公共监控都会产生数据、音频、视频、文本，这些信息和数据经过融合分析，就可为判断和预测个体和人群的需求、状态、行为、心理提供依据和佐证。拥有的数据量越多，数据分析的结果越接近真相，更为复杂的判断就可以实现。从大数据的工作机理看，大数据不是简单的数学和逻辑运算就可以实现的，而是通过特定的算法和逻辑框架，对数据内容进行分析和融合判断。在这个过程中，各种数据分类、神经网络、聚类分析、空间分析、预测建模、集成学习、统计、模式识别、情感分析综合运用，就好像人工智能自动进行检索、特定信息抽取和内容判断匹配，使得在复杂管理中数据的采集和分析效率大大提高，获取数据范围可以是广域的来源，决策的依据不再是单一的来源和维度，管理中必然存在的主观评价转变为多维度、可验证的定量分析。基于大数据这种工作机理，应用于公务员的考核评价后，考核工作将从单一、主观评价形式和内容转变为多维度多层次交叉、量化客观结合的评价体系。这种评价机制的变化，可能在工作的生态层面发生改变，因为评价不再单一强调他人的评价，不再需要工作人员在工作中刻意维系人际关系，而是专注于工作任务的完成，从而大大提高工作效率、降低管理难度。大数据技术的应用体现出的及时性，改变了过去考核和评价周期长的弊端，使工作人员随时严格要求自己，注意一言一行的合规，否则都可能影响评价分值，这就给单位的平时管理带来了便利。

由于大数据技术的良好前景，国内有些地方已经开始进行相关的试点，虽然有些地方所称的大数据考核还存在技术框架设计上的缺陷，但毕竟已经迈出了可喜的一步。在现有开展试点的地区，宁波具有一定的示范作用。2015 年的公务员考核，宁波市委组织部进行了大数据应用，依托公务员“岗位对责、绩效对账”考核信息平台，全市 4.2 万名公务员每人都有了专属“电子日记本”，干部考核评价结果，让数据来说话。2013 年 9

月，宁波市就出台公务员“岗位对责、绩效对账”考核办法，建立与之配套的信息平台。平台对考核的阶段性重点进行专门设计，“日考勤”查工作纪律，“周记录”看工作状态，“月对账”评工作质量，“季考评”对工作实效。信息平台针对不同的部门、不同的岗位，为每位公务员设置了岗位说明书，详细规定了岗位职责说明、日工作考核、周工作记录、月工作对账、年度民主测评等子项目，对照这些项目，每一位公务员干多干少，一目了然。通过横向对比，孰优孰劣，不言自明。通过信息平台“量化”，每一个公务员都可以看到了自己的“差距”：工作进度一目了然，与其他人的差距也有客观的比较，使得工作人员工作的积极性大大增加。通过大数据，每一个公务员的工作流程“全留痕”，大数据考核对象“全覆盖”。2015 年全市 1 300 余名县局级干部全部纳入“双对”考核体系，考核重点是敢于担当、推动中心工作的成效。经过数据的比对，四家市直单位因为被发现工作推进不力而被通报。

该市市委组织部评价考核带来的变化时说：“过去考核可能就是凭‘印象’，有些公务员难免有‘干好干坏一个样’的顾虑。现在一切通过平时和年度的量化考核，让一些‘为官不为’‘为官慢为’的行为难以遁形，让整个政治生态焕然一新。”通过大数据考核就有了能上能下看实绩的参照，精准有效的职务晋升和奖惩培训也就有了依据。根据宁波的规定，近 3 年“双对”考核中有两年以上被评为“优秀”等次，可作为破格提拔的条件之一；而“双对”考核被确定为“基本称职”等次，一年内不得晋升职务，连续两年年度考核被确定为“不称职”等次的，予以辞退。据最近一次年度考核数据显示，宁波共有 6 774 人被确定为“优秀”，而“基本称职”和“不称职”比上一年度增加 25 人次。①

在江苏宿迁市政府办，通过“四道加法”考准考实公务员工作绩效，以实施“四道加法”为总抓手，积极探索公务员绩效考核的有效途径。

第一道加法：共性目标＋业务目标，实施“精准考核”。改变以往“一刀切”的考核方式，科学设置共性和业务目标。将市委、市政府下达的年度绩效管理、“三服务三促进”“挂村包户”，以及值班、保密、遵规

① 黄合：《宁波公务员考评进入“大数据时代”，能上能下看实绩》，中国网 2016 年 3 月 28 日。

守纪、廉洁自律等9项目标任务作为共性指标，分解落实到所有处室（单位），要求严格对照落实。同时，根据不同岗位的不同职责和特点，分别为18个处室、2个事业单位量身定制了个性目标，单独进行考核。此外，为进一步突出“精准”，依岗设计分值标准，文字处室突出文稿分值比重，非文字处室（单位）突出综合保障、公共服务分值比重，对政务信息、政务微博等全员参与的重点工作，在每个岗位都占有相同的分值比重，从而做到适岗定标、精准考核，促进办公室每个岗位工作都能更加优秀、更有特色、更见实效。

第二道加法：日常考核＋年终总评，突出“过程管控”。建立“每周晒绩、季度通报、年度总评”考核推进机制。每周一早晨召开工作例会，处室（单位）负责同志逐一汇报目标任务进展情况、存在问题，分管领导通报并点评各项重点工作完成情况，办公室主要领导针对薄弱环节及时督促提醒，确保各项重点工作有力、有效推进。每季度召开一次系统全体人员会议，逐项通报年度目标任务完成情况，并对目标任务完成率进行排序，推动处室（单位）和全体人员对照检查，比较差距，加快赶超。年底，成立考核工作领导小组，负责对处室（单位）工作人员年度目标任务完成情况进行梳理、测评、汇总，分别形成处室和个人年度考核积分排序方案，提交办公室党组会议集体研究审定。

第三道加法：线上管理＋线下提升，创新“考核O2O”。依托宿迁市网络协同办公系统，搭建办公室公务员绩效考核信息系统，设置日常考勤、工作考核、加减分管理、实绩晾晒版、年度测评5大功能模块，下设14个考核子模块，与年度目标任务一一对应。由办公室机关党委牵头负责综合业务考核工作，适时将相关考核内容在系统上发布，让全体人员及时了解掌握相关信息。对政务信息、政务微博等专项考核，由相关业务处室牵头负责，并定期在系统公布，工作人员通过手机、电脑可以随时查看个人目标任务完成情况及在办公室内部的排名。在抓好信息化系统运用的同时，深入开展微博比赛、文稿写作比赛、处长论坛等学习培训和自我提升活动，并将学习成果纳入绩效考核加分项目，由此全面提升工作人员协作配合、依法办事、狠抓落实的能力和水平。

第四道加法：表彰激励＋警示鞭策，强化“结果运用”。建立绩效考核结果“三挂钩”机制。一是与评优挂钩。构建“绩效考核＋民主测评＋领导评议”的公务员年度考核体系，分别按照 6∶3∶1 的比例评定考核分数，年终依据得分排序进行评先评优。二是与待遇挂钩。对绩效考核优秀的工作人员，按规定发放年度考核奖金，并优先推荐参加休假、疗养、学习、考察等活动。三是与晋升挂钩。将绩效考核结果作为干部选拔任用的重要参考，2016 年，办公室依据 2015 年度公务员绩效考核结果，对考核优秀的部分干部进行了提拔重用。同时，对绩效考核排名靠后的处室及工作人员，由分管领导进行约谈，帮助其明确努力方向和整改重点，连续考核落后的，由主要领导进行诫勉谈话。通过严格奖惩，在办公室系统内牢固树立起“干与不干不一样、干好干坏不一样”的鲜明工作导向。①

从宁波、宿迁等地的试点看，以《公务员法》和《公务员考核规定(试行)》为基石，两地都围绕客观公正、注重实绩、领导与群众相结合、平时与定期相结合、定性与定量相结合这五个原则，通过大数据的应用，着力创新公务员考核，已经在技术上具有可行性。今后，要在大数据的视野下构建任务明确、重点突出、精简有效的绩效考核指标体系，逐步实现公务员工作纪实和评鉴的科学化。从大数据技术视角，研究公务员考核与评价形成机制、公务员动态监测、服务对象因素考核、分类分层调配与管理、群体和个人心理分析与调试工作，使得考核成果更具应用价值。

早在 2013 年春节期间，百度小小施展了大数据技术的魅力，绘制了中国人的“迁徙图”，人们清晰地看到了奔波在城市乡村间的迁徙图谱，这次生动的描绘使得大数据的应用前景呈现出来。现在，大数据应用可谓广泛，手机导航软件高德地图可以通过数据的分析告知用户哪些地段拥堵，通过分析给你设计出更为便捷的路线。支付宝中的芝麻信用，更是可以通过一系列数据分析，评价出每一个人的信用。这几年，大数据在社会上炒作很热，一旦贴上大数据的标签，这项工作就好像实现了“创新”和

① 《宿迁市“四道加法”考准考实公务员工作绩效》，人民网 2016 年 4 月 28 日。

"互联网+"。其实，笔者认为，不少贴着大数据标签的活动都是"小数据"，因为他们的数据来源很窄，数据的处理手段还是传统的手段，对趋势的推导、结果的验证都难以有令人信服的技术框架，但这些给大数据春天的到来开启了一扇窗，让人们看到了大数据的未来。

大数据的神话有时也被人们无限放大，好像有了大数据就可以无所不能，也许今后大数据可以具备这样的超能力，但从现在看，大数据仍然只是人类的辅助工具而已。通过大数据的辅助，人们可以解读复杂的社会关系，通过分析人的生活轨迹，深入人的内心世界，判断和预测事情的可能变化方向，比如态度、兴趣、心理取向等复杂层面的问题。对预测和判断结果进行人为干预，就实现了中医中倡导的"治未病"，这就是大数据辅助功能的价值。在管理领域，管理者面临的问题很多，借助大数据技术实现对人的精准分析，对人的情趣、心理这些隐匿起来的思想进行分析和判断，可以解决困扰管理者的管理难题。作为管理者，最头痛的是现代的工作关系和传统的工作关系不同，传统的工作关系讲求思想上的沟通，在工作场合不便沟通的可以在私下里进行沟通，各层级之间彼此信任，交流顺畅。而现在更多的人把心灵的大门锁上了，不愿轻易袒露内心世界，普通公务员一般不会把自己的真实想法、心理状态、遇到的问题对他人袒露出来，害怕自己内心世界被别人探知，而管理者有效的管理是基于对管理对象精准的分析判断。传统技术条件下管理者只能凭借自我超高的情商来洞悉周围人的细微情绪变化，但这需要双方密切接触和相互了解，在忙碌的工作中难以做到管理者和所有的管理对象都能亲密无间，异常的情况因无法准确查知而隐匿于平静之中。比如一个公务员出现抑郁症状，如果不及时发现并及时干预治疗，可能会走向极端。突如其来的变故往往让管理者措手不及，很多管理者只能采取事后补救措施，感慨沟通手段的匮乏、管理难度的繁重。借助大数据对群体和个体的行为和心理进行分析，可以通过物理活动推导心理活动规律，管理者借此判断周围人的情绪和心理状态，对于出现抑郁等异常情绪和心理状态，及时发现并有效干预，可以避免恶性事故发生，减少不稳定的潜在隐患。另外，传统的考核更多地基于相互间长时间共事的感受和情感因素，要知道同事间的评价往往带有利益因素、竞争因素和负载的内在动机，使得彼此间的评价变了味道。为了维系微妙的工作关系，聪明的人就会平时表现出彼此的关系维护、低调、回避矛盾，该坚持原则的就因为情面不坚持了，该批评的话就不说了，至于工作的推动就变得不那么重要，这就使关系文化影响了工作。尤其在一些单位，领导的评价在考核结果中占比很大，一般工作人员只有选择听领导话、看领导脸色、跟领导走，单位的风气团团伙伙，领导随心所欲。而大数据技术，使各种考核由大数据进行分析和判断，不唯同事间的评价或很少考虑同事间的评价，甚至领导的评价都难以从根本上改变考核结果，这样的考核就使工作人员对事负责而不是对人负责，一个单位的风气就能彻底改变。

在考核指标中，德能勤绩廉是以德为先，而德是最难以判定的因素，有些人仁义道德挂在嘴上，内心世界的龌龊却是另外一个天地。如果公务员品德失范，道德的滑坡会对整个国家、社会危害极大。公务员的道德是整个国家社会公共道德体系中最为重要的子系统之一，对整体公共道德有极大的引导和刺激作用，一旦公务员道德失范就会表现为公权异化，违背了公共权力的公共性原则。公务员是人民的公仆，对公众的冷漠、丑行的网络曝光影响恶劣、危害极大，严重损害公众对公务员群体的印象，甚至极大地损害党和政府的公信力。而道德问题隐藏至深，常规对公务员“德”的分析判断是基于他人的道德标准，而他人的道德标准是否就是符合国家和社会认同的标准呢？另外，道德的评鉴往往是通过公务员日常的言行来体现的，这种言行的观察是否存在偶然性和偏差就无法验证，但这种做法对还是不对，从道理上说是对的，但操作性较差，往往只能通过事后判断和定义，不能提前纠偏和甄别，而大数据就可以实现对道德的初步评判。在商业领域有一个问题与道德评判有相似性，那就是信用。一个人的信用也是不易判断的，而大数据就可以实现。最为典型的是蚂蚁金服旗下的芝麻信用，是依据阿里巴巴的电商交易数据、蚂蚁金服的金融数据等方方面面的数据资源而形成的信用体系，考察信用卡还款、网购、转账、理财、水电煤缴费、租房信息、住址搬迁历史、社交关系等项目因子。经过对海量信息数据的筛选处理，可以描述一个人的信用历史、行为偏好、履约能力、身份特质、人脉关系等维度的情况。在公务员考核中完全可以参照企业的运作将难以评测的柔性层面的问题解决。

新余：公务员诚信评分影响选拔任用

近日，江西省新余市将信用体系建设从企业信用体系推广到事业单位和公职人员领域。信用状况评分将成为在公职人员评先评优、选拔任用等方面的重要依据。对信用等级较低的公职人员，不予以提拔重用。据了解，“信用新余”系统建设内容包括“一库、三平台”，即信用信息资源库、数据采集处理平台、信用应用平台和信用展示平台。

从2016年元月至3月底，已完成市直机关事业单位（含二级单位）258家、公职人员1.1万余人的信用信息征集工作，收集公职人员和机关事业单位信息数据共4.4万余组。通过对收集的数据进行分析，按规定对信用主体进行打分评级，分为AA、A、B、C、D五个信用等级。并依托“信用新余”网站，向机关事业单位和公职人员开放信用信息查询、质疑、反馈等服务。新余市把信用体系建设工作纳入各单位年度绩效考核，在公职人员评先评优、选拔任用、竞争上岗、职称评定等方面，将其信用状况作为重要依据。“信用等级较高的公职人员，同等条件下优先考虑，对信用等级较低的个人，一般情况下不能评先评优、提拔重用，较差的还要进行批评教育、警示谈话，或列入‘失信黑名单’。”新余市委常委、宣传部部长郭力根说。新余市信用办工作人员介绍，社会信用体系的主体有五类：政府、企业、个人、事业单位、社会组织，其中“个人”目前只限于公职人员。计划在明年初步启动以社会自然人为主体的信用信息征集工作。

资料来源：袁育堃，《新余：公务员诚信评分影响选拔任用》，央视网2016年4月12日。

大数据公务员考核的创新与完善

过去公务员考核的细化指标之所以相对简单和不完备，并不是制度的设计者没有考虑到，而是受限于考核工作的工作成本和操作性要求，更受限于对个体隐私信息探查的壁垒。如果在考核项目上设计出大量的细化、量化的指标，就需要保证这些指标的科学公正。为了设计这些科学公正的指标，前期就要投入大量的人力从事指标的设计和校验。就算指标设计成熟，也面临如何收集相应的数据的问题，每个单位和部门都要设置专人来收集数据、统计数据。比如仅仅一个考勤数据，就要投入指纹考勤机或面部识别考勤机，设备投入使用后还面临数据的甄别和核实工作。这还是简单的考勤工作，如果考察一个工作人员的能力指标，就会涉及考察他的沟通能力、管理能力、具体事务的处理手段和效果，这些项目如何考察？如何记录呢？支撑这些指标的数据来源难以保证完整。就算平时注重积累数据，而收集、保存、验证这些数据需要投入大量的人力和物力，工作的难度和成本是难以想象的，最终考核工作成为无法承受之痛，这也是许多单位强调平时考核却难以取得良好效果的原因。到了大数据时代，这些考核前期数据整理工作就可以简化了，数据积累整理的过程自动进行，不需要投入超额的人力物力，数据工作由专门机构收集和处理，整个过程都是自动化实现。比如考勤的实现就可以通过手机的位置信息自动判断，不仅考核个人的手机位置信息，更考核单位、部门群体的手机位置信息。对于借口外出办公的人，就可以通过手机移动位置确定他真实的去向。可以通过交叉验证以及第三方评估的方式来辅助验证考核对象的工作成果，就像验证一个教师的授课效果，通过学生的评价就可以验证。甚至在考核中不再需要被考核人费力撰写年终总结，考核系统自动生成个体和群体的考核结果，公务员的自我总结和群众评议变成了考核的辅助验证手段。负责考核的部门工作也变得简单。在考核的前期，进行考核指标体系的设计，确定各等级标准参数，验证系统提示的异常信息，阶段性提交领导和上级考核报告和意见建议即可。过去为了平衡各单位的优秀比例大费周章，而现在通过建立岗位细化的标准参考体系，个体数据比较对照，凡是达到各档次标准的自动归类，识别了真正优秀的公务员，大大提高了效率和准确性，避免了工作忙闲不均、遇到难题推诿扯皮、纪律松弛、行为不规范等一系列管理难题。对于长期困扰考核工作的差异化考核问题，对不同岗位性质、不同职级的公务员考核，制定有差别、有侧重的评价指标体系，强调岗位性质、职责要求和责任绩效的考核，突破了原有模式无法甄别对比的困境。而在廉政风险防范领域，大数据更容易实现其强大的功能，在金融证券、商务等领域的数据基础已经较为完善，通过集合不动产、金融、商业支付等诸多数据源，一个人及其相关人员的资产、消费、社交及经济活动信息就可全息呈现。公职人员想隐瞒腐败行为是痴心妄想，甚至一些零星的灰色地带也能完整呈现出来，对于游走在腐败边缘的公务员可以提前进行告诫，避免一部分公务员在权力的追逐中“勿以恶小而为之”，最终陷入腐败。

公务员考核工作一直都倡导平时考核，但平时考核理念的提出与现实操作差距很大，平时考核在一些地方实行后，发现管理成本高且效果不佳，大量的人员投入都难以维持正常工作。而一旦引入大数据，在开展平时考核时，考核部门就不再需要劳师动众，考核工作变成了对工作过程的监测和信息传递，每个单位的考核工作强度也大大降低，不再需要专门组织大家填写表格、述职述廉、投票选优。负责考核的部门工作内容可以实现减负和转变，只需要接受信息、核实信息、汇报结果就可以完成考核。过去组织人事部门在考核时局限于工作的静态和现状描述，没有能力预测个人未来职业规划发展，实行大数据以后，可以将不同特质的工作人员进行适当调配，给予他们合理的培训和激励，拓展他们未来的发展空间。在干部的选用中更可以发挥主动性，提拔的依据来自客观的数据分析，避免了过去干部跑官和不实干等问题，大数据的考核结果让真正有能力而潜心业务的精英凸现出来。对于忙闲不均的情况，可以分析不同岗位的工作量以及周期的变化，实现工作灵活调整，均衡不同部门的压力，实现人力资源的合理调配。通过大数据辅助，可以优化绩效管理流程，细化公务员奖惩机制，维护制度的权威性，实现令行禁止、不搞例外，以制度的刚性约束推动作风建设常态化、长效化，从技术上解决“不干事、不担事”问题。

随着贯彻中央八项规定力度的加强和反腐倡廉建设的深入推进，公务员工作作风大为改观，整体素质有所提高，但是在公务员队伍中，不思进取、为官不为的情况仍较为普遍。当前，我国各级政府部门中存在较为严重的“为官不为、懒政怠政”现象、“劣币逐良币”的人才流失等现象。在当下，各单位面对“战斗力下降”的工作状态，无法拿出师出有名、符合规范的激励措施。对于这种懒政怠政的现象，各级政府虽然一直强调彻底纠正，但效果参差不齐，不少地方和部门至今仍无明显改变，对于衡量公务员工作状态的考核工作应对这种现象稍显乏力，也无法给出有效的措施办法。使用大数据技术研究公务员考核问题，不仅仅是研究建立“管束”公务员工作的绩效管理，更多的是研究在目前环境下如何激发公务员的工作热情，建立各方均能接受的激励机制。

对于工作积极性的问题笔者做过调研。有一个单位是公务员培训机构，这个单位的硬件条件很好，软件条件也不错，在以往会接待大量外地培训委托班次的教学，而现在却不愿承担这些额外的任务。一方面，这个单位的考核指标中没有承接外地委托培训的指标；另一方面，就算承接了外地班次教学任务，承担工作的部门和人员也不增加补助和津贴，反而因为任务的增加要增加交通费支出。这就出现了干得越多责任越大、支出越大，而收入不增的局面。任何人在利益面前都具有理性选择的内生性动因，当然，有很多人可以做到牺牲小我、不计报酬，而更多人认为除了为人民服务以外，职业的待遇和工作的回报是职业人理所应当考虑的范围，作为大多数公务员的理性选择就是能不干就不干。因此，这个单位倾向于不再过多接待外单位委托教学任务，因此大量教学资源出现闲置。对于以上问题，传统考核是无法给出解决方案的，因为传统考核无法定义非主业的工作要求。就算是工作职责范围内的事项，也同样面临干多干少怎么干的问题。从人性的角度，任何人都会潜意识地选择利益最大化方案，在工作中尽可能撇清和减少风险度高、收益小、付出多的工作内容，甚至在工作量标准的制定环节就可能设法规避，传统考核无法解决这种标准模糊的工作界定。对此，不能简单地批评公务员群体的蜕变，更应该看到公务员群体出现的“利益理性职业人”特点，公务员群体要求合理的利益报酬，要求适当的工作压力，要求公正的社会评价。大数据的考核会设定群体和个体劳动强度，监测工作压力，计算工作绩效，一系列的数据就可以提供计酬、带薪休假、教育培训、疗养等相应的解决方案。单纯的约束性考核绝不是完美的考核，通过以上的工作大数据为公务员的约束与激励实现了法制化、科学化和规范化的平衡。兼顾规范、约束、激励的原则，强调公务员应尽的职责，又强调保护公务员的正当利益，合理协调利益冲突，在这种观点下开展的研究容易得到各方的认可。通过大数据的应用，在传统的精神、物质激励效用递减的背景下，正视公务员“利益理性职业人”趋势，探讨出更有效、公平、客观的公务员管理、激励途径。

利用大数据可以有效突破上述的考核瓶颈，为管理者提供更有价值的决策基础信息。大数据考核的框架设计是通过工作标准指标体系比较分析判断工作行为和结果，通过预设的具体岗位的工作要求、工作流程、工作质与量、处理结果，比较该岗位的工作与标准模型之间的偏差值和偏差成因，以此评价公务员的行为特征，个人工作状态经过赋分，既可以描述本人的工作，又可以实现工作人员间比较，让懒政怠政无所遁形。这种大数据赋分的效果是传统考核无法做到的。从人性的角度看，赋分式管理可以产生的激励作用超出许多管理者的想象。以有效降低新生儿死亡率的新生儿阿普加评分为例，原先新生儿死亡率较高，而采取了新生儿阿普加评分表后，新生儿死亡率就大大降低了。所谓的新生儿阿普加评分是从皮肤颜色、心率、刺激反应、肌肉张力和呼吸五个方面进行评价，每项分别用0、1、2分来表示，五项总分最高为10分。在婴儿出生后立即评估一次，以后每5分钟评估一次，逐渐变为10分钟、1小时再进行重复评估。就是这个小小的评分表引导医护人员不断地细心呵护新生儿，及时发现潜在的窒息等危险，进而实行必要的紧急抢救。其实最为生动的案例是为什么这么多人沉溺于电子游戏，有人说电子游戏可以实现人在虚拟世界里的满足和成就感。为什么会有这种感觉呢？有形的积分、等级和无形的积分、等级都在激发玩家不辞辛劳地“耕作”，玩家通过努力获取了较其他人更高的分值、排名、权力，而这些又激发玩家进一步沉溺其中。还有些人发现，自从在手机里安装使用了一些计步软件后（如微信运动），与好友、熟人间的步行比赛就开始了。相互间数据排名的激励使得每个人都实现了自我运动量的大幅提升。从管理的角度看，这种效应是高效的管理手段。通过大数据，管理层定期公布每个人和团队的积分，以及各个维度的分值，工作人员之间就会进行比较、竞赛，努力提高分值，因此获得的成就感是传统考核无法实现的。管理者在赋分的项目上和分值设定上进行调整，就可以有效引导工作人员的工作方向和状态。这种工作绩效管理方法，比单纯的物质刺激更为有效。有人可能说这种赋分效应和过去的表彰、表扬等精神激励起着完全相同的作用，其实它们不是等同的东西。表彰、表扬当然可以实现激励的作用，但是表彰、表扬可应用的范围有限，就好像优秀的比例不可能太多一样。而赋分管理涉及每一个人，每个人都要为他的荣誉负责，而且职务晋升、奖励设置等直接与赋分挂钩，赋分效应就会呈现巨大的激励作用，为建立公正适度的激励机制提供依据，物质与精神共同作用。

大数据技术应用于公务员考核评价工作，无疑会实现考核质的飞跃，但是任何创新都需要外部条件的协同，大数据的考核应用也面临诸多问题，比如法律制度、考核机构、人才队伍等都需要系统配合方能完成。从纯技术的角度看，经过大量商业的运用和各地的创新实验，大数据技术应用于公务员的考核和评价没有障碍，但是我们必须考虑公务员考核涉及的人才储备问题。要知道现有的考核部门大多是文科出身的管理人员，从事大数据这类的工作无疑存在困难。而大数据考核还涉及隐私权、公务员福利奖励等法律和制度问题，外部法律和制度不能协同，考核就偏离了现实环境。大数据应用于公务员考核和评价，其中涉及公务员隐私权事项，作为公民的隐私权与公务员的权利扣减的法律许可和技术政策需要厘清。虽然许多学者认为公务员行使公共权力，他们的工作信息理应被允许利用，但是，这里的信息如何鉴定为涉及公共利益时的信息，还是属于私人领域的应予保护信息？大数据技术是建立在大量涉及公民隐私数据上实现的，比如个人通信、手机位置信息、公共监控探头的图像信息、互联网浏览行为等，因此，数据采集和使用应该有其法律边界。但是为了分析精准，就需要把广域的网络聊天记录、金融交易信息作为大数据样本。抓取这些非公开信息作为大数据样本和分析基础，从现有法律上说存在一定模糊。大数据考核必须有足以支撑进行数据分析的数据源，数据的来源分布于政府各个机构和诸多的组织中。对于各类组织来说，信息数据本身就具有价值，因此要相互封闭隔绝，避免自己的信息数据与他人共享。数据源往往会因此原因形成“信息孤岛”，难以聚集足量信息，这就需要政府有关部门的大力支持，开展有效数据资源规划、管理与共享。大数据的公务员考核需要公共管理部门、企事业单位等各类组织的协同配合，解决多源数据搜集、整合、应用以及分析上的各种问题。由于数据传输、存储、利用缺乏标准和规范，在秉承开放、协同、共享精神下的数据将是不设防的城池，从而构成数据安全的巨大隐患，同时也会形成人们的心理阴影。当前我国相关公民或公务员特定人群隐私和信息开放的法律规定尚未建立，如果广泛开展大数据技术在公务员考核管理等领域的应用，就会面临这项工作所依据的法律和制度的合规性问题。因此，现阶段应审慎对待大数据公务员考核管理，先行试点探索、总结经验，立足于在法律和制度的框架下前瞻性渐进推行较为稳妥。

客观地说，现有的公务员考核评价组织构架和管理模式难以胜任将要来到的大数据考核工作。目前，各级政府各部门都没有建立高效的大数据考核管理机构，没有适当的人员从事大数据应用研究，很少有数据系统建设和试验，已经在试点的地区也因数据源的局限和模型、算法的短板导致取得的成果有限。公务员大数据考核评价需要政府主导下的统一规划，强调多元主体的合作，发挥各自优势，避免发生部门间协调上的失效。公务员大数据考核的运作框架需避免相关机构之间互不隶属、多头管理、权责不明的尴尬，在现行体制下，有必要建立独立运作的公务员大数据考核专业机构，整合资源独立运作。作为一种创新管理理念，尤其在依法治国的法治精神下，公务员考核需要在合法性上做出表率，这同时也是该项工作权威性的来源。宪法赋予人大监督职权，因此，在人大的授权下设立公务员考核委员会，作为公务员考核的专门机构，并吸纳纪检部门、组织部门、监察部门、人事部门等机构作为委员单位参加工作。经过人大授权成立的多部门协作考核机构可以整合行政资源，其合法性、权威性就可得以保证。考核部门只需要制定考核各等级的标准即可，之后各层次的标准可以自动归类、自动识别，从而降低工作强度，提高考核结果的准确性，使公务员的考核方法转变为以智能化、定量化为主的智能分析。应用大数据技术的公务员考核委员会专门机构成立后，原有的各级、各部门、考核部门和机构的工作量和工作内容将极大转变。同时为了集约资源，设立省一级考核数据中心，各级、各部门的人事、监察等部门则具体应用省级数据中心提供的数据分析结果开展考核，或配合数据中心验证相关异常信息。这种考核管理的工作流程和工作模式的变化直接改变了传统的管理模式和层级，由于省级数据中心的数据可以直接传递到各层级、各单位，考核管理层级将形成扁平化模式。上级部门在分析决策时不再需要下级部门逐级上报本部门信息，可以直接应用省级数据中心提供的信息进行管理分析，下级部门也可以直接应用省级数据中心提供的信息进行落实整改，由于信息层级减少，必然带来效率的提高。

大数据在公务员考核工作中的应用不同于各单位已经习惯了的传统工作方法，而且大数据复杂的数据处理方式对大多数工作人员来说是陌生的。新工作方式的到来，就需要对工作人员进行系统的培训和宣传，设计好各种预案和处置方案，方能将这一创新举措顺利实施。大数据考核的优势之一就是可以建立分岗位、分部门、细化到岗的考核指标体系，明确各岗位工作责任，制定具体岗位对应的责任、权力和绩效目标的量化指标，将德、能、勤、绩、廉五个大指标对应岗位给予细化，从而使公务员分类考核的问题迎刃而解。大数据具有多源开放性，服务对象、第三方的数据来源会很好地印证德、能、勤、绩、廉五个大指标在具体公务员考核内容中的体现，确立以公共服务为导向目标。以服务对象满意度为导向的考核体系，引导公务员不断提升服务水平。按照内外结合、岗位职能明确、专业分类科学原则所建立的考核指标，使考核实现了新技术条件下的准确和创新。公务员日常工作不提倡单打独斗，而是强调纪律性和协同性。基于公务员社交行为信息的分析，可以判断个体之间的协同关系，在考核指标中将个体的考核结果与团队的协同和组织纪律的执行作为一个考核要素，引导个体与他人的配合与协同，引导组织绩效目标的总体实现。大数据考核在实施之初可能会产生很多问题，问题的出现并不能否定其发展前景，而是需要进行补充、探索。因此，在应用大数据技术应用的初期，将传统的民主测评、个人总结作为辅助支撑的手段维持一段时间，可有效防止数据异常或算法的失灵带来的误差。传统与现代两种手段相互验证和补充，采取区域性、小样本实验的方法探究激励机制，可以使创新的大数据考核结果更加准确有序。

为了更好地完成公务员考核管理的创新，需要进一步对国外和我国公务员考核工作中的科学理念和思路进行比较分析，学习运用与绩效考核相关的理论和方法，为分析改进公务员考核工作体系提供参考借鉴。梳理公务员考核的脉络，参考绩效管理和考核的相关理论和具体方法，建立并优化以绩效为导向的公务员考核体系。大数据给管理决策行为提供了一种全新的方法，推动了公务员考核制度改革，有利于树立正确的政绩观，同时也是检查、督促公务员履行职责、勤政廉政的重要手段，“智慧考核”必将成为现代国家治理体系中创新链的重要组成部分。大数据除了可以应用在公务员的考核工作外，在其他社会管理领域还有着巨大的应用潜力。比如说政府部门的绩效管理，通过对不同层级、不同类型公务员的研究，以政府责任清单和岗位职责为依据，结合各单位工作实际，将各项工作任务具体化、标准化，从而实现相关的数据处理，就可以立体呈现各部门的工作绩效。有了大数据思维，第三方评估、问卷调查等工作也就发生了根本转变，传统的第三方评估、问卷调查等研究工作方式费事费力，误差难以控制，在大数据的框架下，这些都可以转变为更为便捷、科学的智能化应用。研究大数据的工作方法和实现路径，将大数据更多地引入考核、评比、统计、决策等工作，依靠大数据建立的模型进行技术分析并以此判断，以“智慧管理”推进国家治理能力的提升。更重要的是面对当下广泛存在的理想信念缺失、为官不为、懒政怠政的现象，依托大数据寻找解决路径，将为社会管理有序、高效地发展提供精神动力、物质动力、制度动力。

大数据与隐私

本章提出大数据技术应用在国家和社会的管理创新之中发挥了非常重要的作用，好像大数据是现代管理的一大神器，而大数据究竟是什么？盖特纳咨询公司（Gartner，Inc.）给出了“大数据”的定义：“大数据是指需要高效、新处理模式才能具有更强的决策力、洞察力和流程优化能力的海量、高增长率和多样化的信息资产。”从隐私角度来讲，“大数据”通常是指有关个人或群体的数据，或可以通过分析对个体信息做出描述和推论的数据。大数据可能包括由政府、社会组织或个人采集的数据或源数据。这些数据可能是各种公开的统计数据，也可能是非公开的专项数据。就获取形式看，有些数据可专门收集，还有些是其他采集活动时获得的额外结果。这些以文本、音频、视频等各种组合形式呈现的数据可能涉及个人的隐私。当然，大数据并不一定都涉及隐私问题，比如，天气预报的过程可以通过各种遥感技术采集的大量气象数据来实现，这些数据可以说是大数据，但这些都不涉及人的隐私问题。但是有些数据就可能涉及隐私，比如个人金融数据、网络社交数据，所有个人不公开分享的个人数据都可能属于隐私。从某种意义上来说，隐私和技术是在相互作用下不断演变的。在历史上很多民居的窗户都没有窗帘的设计，而现代社会的住宅难以想象没有窗帘的情形，这说明现代人的隐私观和过去大不相同了。又比如，照相器材的出现催生出肖像权的问题，监控设备改变了传统物理概念下私密环境的问题。在大数据技术的影响下，对隐私的理解也需要不断被重塑。就近年来我国轰轰烈烈推行的大数据来看，大数据的优势可以助推社会经济发展，大数据所带来的便利性越发显著，社会对大数据的依赖程度也会越来越强，但其弊端可能因此被忽视。人们每次打开电脑和手机，享受互联网技术带来的便利，或仅仅是使用手机上的社交应用时，都会留下一些自己的数字痕迹，你的手机会记录你的任何一个时点的行动轨迹和速度等。各种隐藏在背后的“数据探矿者”可能会贪婪地搜集并分析利用各种数据，分析判断你的习惯和偏好，准确地描绘出立体的个人数字图谱。电商可以分析你的购物清单，给你推荐商品，进行精准营销；金融公司可以根据你的金融活动和交易信息判断你的信用；科技公司可以分析社交信息，判断你的性格和倾向，分析你的朋友圈以推导你的社会价值；各类 APP 健康应用可以收集到许多与用户的身体状况密切相关的隐私数据。大数据的出现，个人的隐私就无处藏身了。

大数据的使用和共享触及个人隐私，必然会给个人带来潜在风险。现在生活中常见电信诈骗就是一个例证。犯罪分子在很小范围数据的基础上就可以实施诈骗，比如个人的社交信息泄露后，犯罪分子就可以冒充公检法人员，精确地说出你的信息，不由你不相信，从而实施诈骗。如果犯罪分子掌握更多信息，其危害可想而知。面对大数据带来的隐私信息泄露问题，很多人表现出恐惧，担心隐私被窃取。在当前，大数据隐私保护技术没有成熟和广泛应用，没有良好的行业自律，没有成熟的法律法规，个人隐私信息安全更会触痛所有人。本书提到的基于大数据基础上的公职人员管理创新就可能触及个人隐私，但大数据技术的价值有可能需要人们重新审视个人隐私与公共利益的平衡。比如在廉政风险防范领域，大数据发挥着巨大的作用，但工作的数据会涉及对公职人员隐私性质的资产、消费及社交活动的数据集成和分析。经过实践检验，大数据发现隐形的腐败和腐败证据收集与固化起着巨大的作用。近年来，纪委、检察机关“大数据办案”成为一种有效的手段，过去隐匿的腐败行为在电子证据、大数据的助力下，不断实现突破。“大数据”在一些案件侦破中不仅丰富了证据种类，还成为破案的线索。纪委和检察机关利用大数据，迅速获取证据，防止嫌疑人串供、毁证，在悄无声息中，利用“大数据”分析破获案件。但大数据是否超越了以公共利益优先的合理尺度，侵害了国家公职人员应有的隐私利益，这就需要在法律和制度设计上进行把握。

大数据时代的到来，每个人都面临数字信息的描述和生成境遇，个人的通话信息、信用卡交易、高速公路通行、银行账户记录、各类 APP 应用都会记载个人的隐私。一部分的数据来源于个人使用的电子设备，另一部分则是外部传感器设备与监控装置产生的数据。这些信息的使用和滥用都可能成为侵害隐私权的根源。大数据侵犯隐私主要表现为两种方式，一种是越权过度采集，另一种是数据的再开发技术。越权过度采集是在设备或程序设计时，采取有意隐瞒或模糊告知的方式，超越权利收集信息。比如家庭使用的物联网技术的电器，将用户的使用习惯进行收集，传递给开发者或指定人。再比如手机 APP 秘密收集用户存储信息、使用习惯和位置信息。数据的再开发技术与越权过度采集相比，呈现出更加隐秘的特性，通过一定的技术，将原本简单无序的多来源数据进行处理挖掘，经过融合处理的数据就可以立体呈现个体和群体的活动规律，甚至更为隐匿的隐私活动都可能被呈现出来。通过特定算法，大数据技术就能从低价值密度的信息中挖掘出新结论。如果没有数据分析，大数据只可能仅仅被收集存储，就算被全部或部分检索，也是输入的是什么输出的就是什么，分析使大数据变得有价值。基于众多计算技术分析的大数据革命可以使大数据产生新的价值，大大超过原有部分价值的总和。大数据技术可以将原来的单一信息维度的评价转变为多因素、多层次维度的交叉验证，国家公职人员的所有信息都可以通过交叉验证和定量分析实现，就此国家公职人员的监管将会从原来的事后追责、违纪举报为转变为全过程监测、实时评价、智能化为主的监管方式。相关部门应当主动监测侵害国家公职人员隐私权的异常信息点，并为国家公职人员提供必要的保护技术和救济机制。

从大数据角度探索社会管理的创新与实践，无不是对个人隐私进行深入探知而实现的，只有基于深层次隐私的判断才可能把握复杂人性的根本。把握人性的欲求才能寻找出问题解决之道，尤其在国家公职人员公权力约束上具有巨大的潜力。合理利用深耕隐私的大数据技术，有利于实现相关制度建设的科学化、合理化，有利于完善我国执政党反腐倡廉的理论体系建设，从源头上减少公务员腐败和权力滥用现象。但是，任何技术的应用都不会是有百利而无一害，在技术应用之初就要考虑其法律、伦理、传播、网络技术等层面的问题，理性科学地解读新技术隐私权范畴，兼顾保护公务员属于私人领域的隐私和涉及公共利益的信息公开，防止矫枉过正伤害公务员正当权利，造成国家公职人员阶层因弱势心理而导致的“避事现象”，最终使整个国家、国民的利益受损。只有寻找到该问题的平衡点，理性认识问题，从法律建设、制度设计、舆论引导、技术应用等层面创造规范严格、惩戒与宽容并序的人性社会，方能缓解社会矛盾，促进社会和谐稳定。大数据环境下，必须前瞻性地研究个人数据隐私的保护问题，构建以溯源技术标准体系等为主要内容的个人数据隐私泄露溯源机制，为合理挖掘与利用个人数据资源提供一种解决方案。对于国家公职人员隐私信息保护而言，国家公共部门应该与相关专业机构和团体一道，构建必要的保护机制，对于公共部门使用的设备、软件，在开发和技术管理方面都要进行数据隐私安全评估。针对大数据技术带来的隐私风险和挑战，相关隐私泄露防范技术也在同步发展，已经取得进展的有关大数据隐私管理防范技术主要有匿名化技术、数据加密技术、差分隐私技术、隐私信息检索技术等。这些技术对于普通人来说就是各种天书，什么模糊数据、节点聚类、公钥加密等都是普通人难以掌握的。况且目前数据技术界没有一个公认的万能严密的方法能够彻底解决所有的隐私问题，每一种技术均有自己的漏洞和短板，所以从培养和提高普通人隐私防范技术来解决问题是不可行的。政府要制定政策和采取必要措施，规范大数据隐私保护的政策，大力开展公职人员隐私保密教育与培训，增强公职人员自我隐私保护意识，防止可能涉及国家安全和不必要信息泄露的风险。我国应借鉴其他国家的立法和行业管理经验，立法规范涉及国家公职人员隐私信息的管理，限制相关技术滥用，强化责任主体的保障义务，既要保护国家公职人员属于私人领域的隐私，又要公开他们涉及公共利益的隐私，使公权力在阳光下运行。坚持重点论与两点论相结合的哲学思想，在国家公职人员隐私权与公众知情权、监督权之间建立一种利益平衡协调机制，实现合理权益限制与必要权益保护的利益平衡。任何应用的技术都要明确国家公职人员私人领域与涉及公共事务的界限，坚持公民监督权行使的合法性原则、适度原则、利益平衡原则，从伦理和法律的角度平衡两者之间的冲突。只有合理协调权利冲突，在平衡权利和义务之下开展的大数据的管理创新举措方可得到各方的认可。

笔者对于隐私问题的研究已经进行了五年，其中经历了许多的弯路。刚开始时，笔者赞同大多数学者的意见，要求公职人员无条件地公开涉公信息。但是在研究公民隐私权的问题时，感觉到问题并不简单。笔者推崇大数据技术在该领域的应用是基于其可操作性强的考虑，但任何技术都是双刃剑，切不可胡乱挥动，以免伤及自身。今后应当构建以溯源技术标准体系等为主要内容的个人数据隐私泄露溯源机制，为合理利用与保护个人数据资源提供解决方案，任何技术的应用都要考虑潜在的对隐私的侵犯，在法律框架下实现大数据开发利用与隐私保护的均衡。尤其在网络时代，各种技术的滥用可能伤害到我们每一个人，因此，应回归到从法律层面规范公民隐私的保护，从法律上界定公职人员与普通公民的隐私公开尺度。在借鉴其他国家经验的基础上，结合中国的传统文化与国内法律制度，在建立网络技术标准、信息稽核制度与信息公开评级制度的基础上，逐步推进对国家公职人员进行执政行为监督和对公权力约束的管理，兼顾保护国家公职人员属于私人领域的隐私和涉及公共利益的信息公开，形成约束性管理和保护性措施并重的格局。

附录

关于领导干部报告个人有关事项的规定

第一条　为加强对领导干部的管理和监督，促进领导干部廉洁从政，根据《中国共产党章程》、党内有关规定和国家有关法律法规，制定本规定。

第二条　本规定所称领导干部包括：

（一）各级党的机关、人大机关、行政机关、政协机关、审判机关、检察机关、民主党派机关中县处级副职以上（含县处级副职，下同）的干部；

（二）人民团体、事业单位中相当于县处级副职以上的干部；

（三）大型、特大型国有独资企业、国有控股企业（含国有独资金融企业和国有控股金融企业）的中层以上领导人员和中型国有独资企业、国有控股企业（含国有独资金融企业和国有控股金融企业）的领导班子成员。

副调研员以上非领导职务的干部和已退出现职、但尚未办理退（离）休手续的干部报告个人有关事项，适用本规定。

第三条　领导干部应当报告下列本人婚姻变化和配偶、子女移居国（境）外、从业等事项：

（一）本人的婚姻变化情况；

（二）本人持有因私出国（境）证件的情况；

（三）本人因私出国（境）的情况；

（四）子女与外国人、无国籍人通婚的情况；

（五）子女与港澳以及台湾居民通婚的情况；

（六）配偶、子女移居国（境）外的情况；

（七）配偶、子女从业情况，包括配偶、子女在国（境）外从业的情况和职务情况；

（八）配偶、子女被司法机关追究刑事责任的情况。

第四条　领导干部应当报告下列收入、房产、投资等事项：

（一）本人的工资及各类奖金、津贴、补贴等；

（二）本人从事讲学、写作、咨询、审稿、书画等劳务所得；

（三）本人、配偶、共同生活的子女的房产情况；

（四）本人、配偶、共同生活的子女投资或者以其他方式持有的有价证券、股票（包括股权激励）、期货、基金、投资型保险以及其他金融理财产品的情况；

（五）配偶、共同生活的子女投资非上市公司、企业的情况；

（六）配偶、共同生活的子女注册个体工商户、个人独资企业或者合伙企业的情况。

第五条　领导干部应当于每年 1 月 31 日前集中报告一次上一年度本规定第三条、第四条所列事项。

第六条　领导干部发生本规定第三条所列事项的，应当在事后 30 日内填写《领导干部个人有关事项报告表》，并按照规定报告。因特殊原因不能按时报告的，特殊原因消除后应当及时补报，并说明原因。

第七条　新任领导干部应当在符合报告条件后 30 日内按照本规定报告个人有关事项。

领导干部辞去公职的，在提出辞职申请时，应当一并报告个人有关事项。

第八条　领导干部报告个人有关事项，按照干部管理权限由相应的组织（人事）部门负责受理：

（一）中央管理的领导干部向中共中央组织部报告，报告材料由该领导干部所在单位主要负责人审签后，交所在党委（党组）的组织（人事）部门转交；

（二）属于本单位管理的领导干部，向本单位的组织（人事）部门报告；不属于本单位管理的领导干部，向上一级党委（党组）的组织（人事）部门报告，报告材料由该领导干部所在单位主要负责人审签后，交所在党委（党组）的组织（人事）部门转交。

领导干部因发生职务变动而导致受理机构发生变化的，原受理机构应当及时将该领导干部的报告材料按照干部管理权限转交新的受理机构。

第九条　领导干部在执行本规定过程中，认为有需要请示的事项，可以向受理报告的组织（人事）部门请示。

请示事项属于具体执行中的问题，受理报告的组织（人事）部门应当认真研究，及时答复报告人；属于本规定的解释问题，受理报告的组织（人事）部门应当按照规定向中共中央纪律检查委员会、中共中央组织部、监察部请示，并按照中共中央纪律检查委员会、中共中央组织部、监察部的意见答复报告人。报告人应当按照组织答复意见办理。

第十条　报告人未按时报告的，有关组织（人事）部门应当督促其报告。

第十一条　组织（人事）部门、纪检监察机关（机构）根据工作需要，可以对报告情况进行汇总综合，对存在的普遍性问题进行专项治理。

第十二条　组织（人事）部门在干部监督工作和干部选拔任用工作中，按照干部管理权限，经本机关、本单位主要负责人批准，可以查阅有关领导干部报告个人有关事项的材料。

纪检监察机关（机构）在履行职责时，按照干部管理权限，经本机关主要负责人批准，可以查阅有关领导干部报告个人有关事项的材料。

检察机关在查办职务犯罪案件时，经本机关主要负责人批准，可以查阅案件涉及的领导干部报告的个人有关事项的材料。

第十三条　纪检监察机关（机构）、组织（人事）部门接到有关举报，或者在干部考核考察、巡视等工作中群众对领导干部涉及个人有关事项的问题反映突出的，按照干部管理权限，经纪检监察机关（机构）、组织

（人事）部门主要负责人批准，可以对有关领导干部报告的个人有关事项的材料进行调查核实。

第十四条　受理报告的组织（人事）部门对报告人的报告材料，应当设专人妥善保管。

第十五条　纪检监察机关（机构）和组织（人事）部门要加强对本规定执行情况的监督检查。

第十六条　领导干部应当按照本规定如实报告个人有关事项，自觉接受监督。

第十七条　领导干部有下列情形之一的，根据情节轻重，给予批评教育、限期改正、责令做出检查、诫勉谈话、通报批评或者调整工作岗位、免职等处理；构成违纪的，依照有关规定给予纪律处分：

（一）无正当理由不按时报告的；

（二）不如实报告的；

（三）隐瞒不报的；

（四）不按照组织答复意见办理的。

不按照规定报告个人有关事项，同时该事项构成另一违纪行为的，依照有关规定进行合并处理。

第十八条　本规定第三条第（六）项所称“移居国（境）外”，是指领导干部的配偶、子女获得外国国籍，或者获得国（境）外永久居留权、长期居留许可。

本规定第四条所称“共同生活的子女”，是指领导干部的未成年子女和由其抚养的不能独立生活的成年子女。

本规定第四条第（三）项所称“房产”，是指领导干部本人、配偶、共同生活的子女为所有权人或者共有人的房屋。

第十九条　中共中央纪律检查委员会、中共中央组织部、监察部可以结合工作实际，制定实施细则。

第二十条　中央军委可以根据本规定，结合中国人民解放军和中国人民武装警察部队的实际，制定有关规定。

第二十一条　各省、自治区、直辖市党委和政府，需要扩大报告主体范围或者细化执行程序的，可以根据本规定，结合各自工作实际，制定具体实施办法，报中共中央纪律检查委员会、中共中央组织部、监察部备案。

第二十二条　本规定由中共中央纪律检查委员会、中共中央组织部、监察部负责解释。

第二十三条　本规定自发布之日起施行。1995 年发布的《关于党政机关县（处）级以上领导干部收入申报的规定》、2006 年发布的《关于党员领导干部报告个人有关事项的规定》同时废止。

附件一：领导干部个人有关事项报告表

领导干部个人有关事项报告表

（本表须由领导干部本人亲笔填写）

报 告 人：____________________（签名）

单　　位：____________________

报告日期：______年____月____日

审 签 人：____________________（签名）

审签日期：______年____月____日

中共中央组织部

2015 年 1 月制

填表须知

1. 本表须由领导干部本人**亲笔填写，书写要工整**，并在封面上签名，填报日期**具体到日**，填写不下时可以另附页。填写前请认真阅读本须知和每一事项表格下方的填写说明。

2. **领导干部须对填报内容的真实性和完整性负责。对隐瞒不报的，不得提拔任用、不得列入后备干部人选，并根据情节轻重，给予批评教育、组织处理或者纪律处分。**

3. 新的符合报告条件的领导干部首次填报时，应当如实填写截至填报时的现状。

4. 属于本单位管理的领导干部的报告材料，不需要单位负责人审签。属于上一级党委（党组）管理的领导干部的报告材料，由所在地方（单位）党委（党组）书记审签。

5. 报告人应当将本人的报告材料密封，并在信封上签名。

6. 每年1月进行年度集中报告时，领导干部本人的“基本情况”和表（一）“第3项”、表（二）“第1项、第2项”应当如实填报上一年的总体情况，表（二）“第4项”应当如实填报填表前一交易日收盘时的持有情况，其他事项均填写“变化情况”。

7. 本表中所称“子女”，包括领导干部的所有子女（含养子女和有抚养教育关系的继子女），既包括与领导干部共同生活的子女，也包括未与领导干部共同生活的子女。

8. 本表中“共同生活的子女”是指领导干部的未成年子女和由其抚养的不能独立生活的成年子女。未成年子女是指不满18周岁的子女；不能独立生活的成年子女，是指不能辨认自己行为或者不能完全辨认自己行为的无民事行为能力的人或限制民事行为能力的人，以及无劳动能力或者无收入、不能独立生活的成年子女等。

9. 表格中有“□”栏的为选择栏，请根据实际情况在对应的“□”内划“√”。

10. 表格中的货币单位“元”和“万元”均为人民币，不是人民币的请按照填报时的汇率换算成人民币。

提醒：填写前请认真阅读填表须知和每项表格下方的填写说明。

报告人基本情况

<table>
<tr><td>姓名</td><td colspan="3"></td><td colspan="2">性别</td><td></td><td colspan="2">民族</td><td></td><td colspan="2">政治面貌</td><td></td><td colspan="2">在职状态</td><td colspan="4">现职□
已退出现职尚未办理退离休手续□</td></tr>
<tr><td>工作单位</td><td colspan="8"></td><td colspan="3">现任职务</td><td colspan="3"></td><td colspan="2">职级</td><td colspan="2"></td></tr>
<tr><td>身份证号</td><td></td><td></td><td></td><td></td><td></td><td></td><td></td><td></td><td></td><td></td><td></td><td></td><td></td><td></td><td></td><td></td><td></td><td></td></tr>
<tr><td>户籍地址</td><td colspan="18"></td></tr>
</table>

说明：工作单位应填写全称或规范简称。身份证号应填写18位居民身份证号码。户籍地址应填写户口簿“住址”栏的详细地址。

领导干部个人有关事项报告表（一）

1. 本人的婚姻变化情况

<table>
<tr><td>首次填报</td><td colspan="4">未婚□　已婚□　离异□　丧偶□</td></tr>
<tr><td rowspan="3">再填报</td><td colspan="4">无变化□</td></tr>
<tr><td rowspan="2">有变化□</td><td>变化情况</td><td>变化时间</td><td>变化原因</td></tr>
<tr><td>结婚□　再婚□
离婚□　丧偶□</td><td></td><td></td></tr>
</table>

说明：首次填报时，应填写本人的婚姻状况，包括未婚、已婚、离异、丧偶等，并在“首次填报”栏对应□内划“√”。

再次填报时，上一年婚姻状况未发生变化的，则在表格内“无变化”后□内划“√”；上一年婚姻状况发生变化的，在表格内“有变化”和“变化情况”栏对应□内划“√”，并填写变化时间和变化原因。婚姻变化情况包括结婚、再婚、离婚、丧偶等。

2. 本人持有因私出国（境）证件的情况　　有变化□　无变化□

证件名称	证件号码	发证机关	发证时间	有效期	保管机构
因私普通护照			年　月　日	至：　年　月　日	
大陆居民往来港澳通行证			年　月　日	至：　年　月　日	
大陆居民往来台湾通行证			年　月　日	至：　年　月　日	
其他因私出国（境）证件			年　月　日	至：　年　月　日	

说明："因私出国（境）证件"包括因私普通护照、大陆居民往来港澳通行证、大陆居民往来台湾通行证等，不包括前往港澳通行证。填报时，应填写有效证件及上一年失效的证件。因公办理的大陆居民往来台湾通行证，也需填写。

无此类情况的，应在"证件号码"列的四个空格内均填写"无"。首次填报时，仅填写现状，无须在表格右上方"有变化"和"无变化"后□内划"√"。再次填报时，应在表格右上方"有变化"或"无变化"后□内划"√"，并在表格内填写变化情况。

3. 本人因私出国（境）的情况　　有此类情况□　无此类情况□

起止日期	所到国家（地区）	出国（境）事由	审批机构	委托代办机构
起：　年　月　日 至：　年　月　日				
起：　年　月　日 至：　年　月　日				
起：　年　月　日 至：　年　月　日				

说明："因私出国（境）"应填报上一年因私出国和因私前往香港、澳门、台湾的情况。事由包括探亲、访友、旅游、继承、接受和处理财产等。填写时，应在表格右上方"有此类情况"或"无此类情况"后□内划"√"。

4. 子女与外国人、无国籍人通婚的情况　　有变化□　无变化□

称谓	姓名	子女的配偶基本情况				
		姓名	国籍（地区）	工作（学习）单位	职务	登记时间

说明：无此类情况的，应在"姓名"列下方空白处填写"无"。首次填报时，仅填写现状，无须在表格右上方"有变化"和"无变化"后□内划"√"。再次填报时，需在表格右上方"有变化"或"无变化"后□内划"√"，并在表格内填写变化情况。

5. 子女与港澳以及台湾居民通婚的情况　　有变化□　无变化□

称谓	姓名	子女的配偶基本情况				
		姓名	地区	工作（学习）单位	职务	登记时间

说明：无此类情况的，应在"姓名"列下方空白处填写"无"。首次填报时，仅填写现状，无须在表格右上方"有变化"和"无变化"后□内划"√"。再次填报时，需在表格右上方"有变化"或"无变化"后□内划"√"，并在表格内填写变化情况。

6. 配偶、子女移居国（境）外的情况　　　　有变化□　无变化□

称谓	姓名	移居国家（地区）	现居住城市	移居证件号码	移居类别	移居时间	备注
					外国国籍 □ 永久居留权 □ 长期居留许可 □		
					外国国籍 □ 永久居留权 □ 长期居留许可 □		
					外国国籍 □ 永久居留权 □ 长期居留许可 □		

说明："配偶、子女移居国（境）外的情况"是指领导干部的配偶或者子女获得外国国籍、国（境）外永久居留权或者长期居留许可等情况，既包括配偶和子女均已移居国（境）外的，也包括配偶、子女中有任何一人已移居国（境）外的。

无此类情况的，应在"姓名"列下方空白处填写"无"。首次填报时，仅填写现状，无须在表格右上方"有变化"和"无变化"后□内划"√"。再次填报时，需在表格右上方"有变化"或"无变化"后□内划"√"，并在表格内填写变化情况。

7. 配偶、子女从业情况　　　　有变化□　无变化□

<table>
<tr><td>称谓</td><td>姓名</td><td colspan="2">工作、学习单位</td><td>现任职务</td><td>单位性质</td></tr>
<tr><td rowspan="3">配偶</td><td></td><td colspan="2"></td><td></td><td rowspan="3">国（境）内：
党政机关 □
事业单位 □
国有企业 □
合资企业 □
外资企业 □
私营企业 □
军　队 □
其　他 □
国（境）外□</td></tr>
<tr><td>证件名称</td><td colspan="3"></td></tr>
<tr><td>证件号码</td><td colspan="3"></td></tr>
<tr><td>称谓</td><td>姓名</td><td>是否共同生活</td><td>工作、学习单位</td><td>现任职务</td><td>单位性质</td></tr>
<tr><td rowspan="3">儿子□
女儿□</td><td></td><td>是□
否□</td><td></td><td></td><td rowspan="3">国（境）内：
党政机关 □
事业单位 □
国有企业 □
合资企业 □
外资企业 □
私营企业 □
军　队 □
其　他 □
国（境）外□</td></tr>
<tr><td>证件名称</td><td colspan="3"></td></tr>
<tr><td>证件号码</td><td colspan="3"></td></tr>
</table>

续表

<table>
<tr><th>称谓</th><th>姓名</th><th>是否共同生活</th><th colspan="18">工作、学习单位</th><th>现任职务</th><th>单位性质</th></tr>
<tr><td rowspan="3">儿子□
女儿□</td><td></td><td>是□
否□</td><td colspan="18"></td><td></td><td rowspan="3">国（境）内：
党政机关□
事业单位□
国有企业□
合资企业□
外资企业□
私营企业□
军　队□
其　他□

国（境）外□</td></tr>
<tr><td>证件名称</td><td colspan="20"></td></tr>
<tr><td>证件号码</td><td></td><td></td><td></td><td></td><td></td><td></td><td></td><td></td><td></td><td></td><td></td><td></td><td></td><td></td><td></td><td></td><td></td><td></td><td></td><td></td></tr>
</table>

说明："配偶、子女从业情况"，应填写配偶、子女在国内或者国（境）外就业的单位以及担任具体职务的情况。未从业人员应当填写就读情况、学龄前或"待业"；退休人员应当填写退休前工作单位及职务，退休后再就业的，再就业情况需一并写明。证件名称包括居民身份证、军官证等。同时持有居民身份证和军官证的，军官证号填写在"个人认为需要报告的其他事项"栏。

首次填写时，应在表格内详细填写，无须在表格右上方"有变化"和"无变化"后□内划"√"。再次填报时，需在表格右上方"有变化"或"无变化"后□内划"√"，并在表格内填写变化情况。

8. 配偶、子女被司法机关追究刑事责任的情况　有变化□　无变化□

称谓	姓名	被追究的时间	被追究刑事责任的原因	处理阶段	处理结果
				立案侦查□ 审查起诉□ 提起公诉□ 依法判处刑罚□ 其　他□	
				立案侦查□ 审查起诉□ 提起公诉□ 依法判处刑罚□ 其　他□	

说明："配偶、子女被司法机关追究刑事责任的情况"是指配偶、子女被司法机关立案侦查、审查起诉、提起公诉以及被人民法院依法判处刑罚等。填写时应注明被追究的时间、原因、刑罚种类等。

无此类情况的，应在"姓名"列下方空白处填写"无"。首次填写时，应在表格内详细填写，无须在表格右上方"有变化"和"无变化"后□内划"√"。再次填报时，需在表格右上方"有变化"或"无变化"后□内划"√"，并在表格内填写变化情况。

领导干部个人有关事项报告表（二）

1. 本人的工资及各类奖金、津贴、补贴等

合　计（元/全年）	工资（含津贴、补贴）（元/全年）	奖　金（元/全年）	其　他（元/全年）

说明：本人的工资及各类奖金、津贴、补贴（含住房公积金）等应填报扣除所得税后的全年实际所得。住房公积金包括个人缴纳部分和单位缴纳部分，计算在工资栏中。企业领导人员薪酬包括基本年薪、绩效年薪、任期激励收入等，填写在工资栏中。

2. 本人从事讲学、写作、咨询、审稿、书画等劳务所得

有此类情况□　无此类情况□

合　计 （元/全年）	讲　学 （元/全年）	写　作 （元/全年）	咨　询 （元/全年）	审　稿 （元/全年）	书　画 （元/全年）	其　他 （元/全年）

说明：本人劳务所得应填报扣除所得税后的全年实际所得。上年度没有此类情况的，需在“无此类情况”后□内划“√”。上年度有此类情况的，需在表格右上方“有此类情况”后□内划“√”，并在表格内填写具体金额。

3. 本人、配偶、共同生活的子女的房产情况　　有变化□ 无变化□

产权人	与本人 关　系	房产 来源 （去向）	具体地址	建筑 面积 （m^2）	产权性质	交易 时间 （年月）	交易 价格 （万元）
		购买□ 继承□ 接受赠予□ 其他来源□ 出售□ 赠予他人□ 其他去向□			商品房□ 福利房□ 经济适用房□ 限价房□ 自建房□ 车库（车位、储藏间）□ 其　他□		
		购买□ 继承□ 接受赠予□ 其他来源□ 出售□ 赠予他人□ 其他去向□			商品房□ 福利房□ 经济适用房□ 限价房□ 自建房□ 车库（车位、储藏间）□ 其　他□		
		购买□ 继承□ 接受赠予□ 其他来源□ 出售□ 赠予他人□ 其他去向□			商品房□ 福利房□ 经济适用房□ 限价房□ 自建房□ 车库（车位、储藏间）□ 其　他□		

续表

产权人	与本人关　系	房产来源（去向）	具体地址	建筑面积（m^2）	产权性质	交易时间（年月）	交易价格（万元）
		购买 □ 继承 □ 接受赠予□ 其他来源□ 出售 □ 赠予他人□ 其他去向□			商品房 □ 福利房 □ 经济适用房□ 限价房 □ 自建房 □ 车库（车位、储藏间） □ 其　他 □		
		购买 □ 继承 □ 接受赠予□ 其他来源□ 出售 □ 赠予他人□ 其他去向□			商品房 □ 福利房 □ 经济适用房□ 限价房 □ 自建房 □ 车库（车位、储藏间） □ 其　他 □		
		购买 □ 继承 □ 接受赠予□ 其他来源□ 出售 □ 赠予他人□ 其他去向□			商品房 □ 福利房 □ 经济适用房□ 限价房 □ 自建房 □ 车库（车位、储藏间） □ 其　他 □		

说明：房产包括住宅、商用房、厂房、仓库、自建房及车库（车位、储藏间）等。填报时，不仅应当报告本人、配偶、共同生活的子女为所有权人的房屋，还应当报告本人、配偶、共同生活的子女为共有权人的房屋。领导干部本人或者配偶、共同生活的子女为房屋共有权人的，应当注明共有的方式，属于共同共有还是按份共有，按份共有的还应当注明所占份额。上一年出售、赠予他人房产等情况，也需要填报。领导干部本人、配偶、共同生活的子女租住的房屋、租赁的车库（车位）不需填报。

房产“来源”，是指取得房屋产权的途径，包括购买、继承和接受赠予等。房产来源为购买的，还应当注明购买时间和购买价格。

房产“去向”，是指失去房屋产权的途径，包括出售、赠予他人等。如去向为“将房产退还原单位”等情况的，需在“其他去向”后□内划“√”，并在房产“具体地址”列内注明详细情况。

房产的具体地址、建筑面积和产权性质，以房屋产权证登记的内容为准；暂时未取得房屋产权证的以购房合同或者房管部门的登记内容为准。

房产的产权，是指房屋所有人对房屋所享有的占有、使用、收益、处分的权利。根据产权性质的不同，表中主要列举了商品房、福利房、经济适用房、限价房或自建房等几种类型。各地区可能出现的其他类型的房产性质，领导干部在填报时应当根据当地的有关政策如实填报。

首次填报时，无须在表格右上方“有变化”和“无变化”后□内划“√”。无房产的，应在“产权人”列下方空白处填写“无房产”；有房产的，在表格内填写具体情况。再次填报时，需在表格右上方“有变化”或“无变化”后□内划“√”，并在表格内填写变化情况。**房产较多填写不下时，请另附页填写。**

4. 本人、配偶、共同生活的子女投资或者以其他方式持有有价证券、股票（包括股权激励）、期货、基金、投资型保险以及其他金融理财产品的情况　　　　有此类情况□　无此类情况□

称谓	姓名	股票			
		股票名称	持股份额	填报前一交易日市值（万元）	填报前一交易日总市值（万元）

称谓	姓名	基金			
		基金名称	基金份额	填报前一交易日净值（万元）	填报前一交易日总净值（万元）

称谓	姓名	期货			
		期末持仓品种	期末持仓数量（手）	持仓占用保证金（万元）	可用资金（万元）

称谓	姓名	其他金融理财产品			
		理财产品名称	持有份额	填报前一交易日市值（万元）	填报前一交易日总市值（万元）

称谓	姓名	投资型保险			
		产品归属公司	保险产品名称	保费（万元）	总保费（万元）

说明：填写时，需在表格右上方“有此类情况”或“无此类情况”后□内划“√”。

填报“股票”时，应注明所持有的股票名称、份额，填报前一交易日收盘时的市值和总市值。股票总市值为填报前一交易日所持所有股票市值的总和。填报前一交易日股票市值＝单只股票份数×收盘时股价。

填报“基金”时，应注明所持基金名称、份额，填报前一交易日收盘时的净值和总净值。基金总净值为填报前一交易日所持所有基金净值的总和。填报前一交易日基金净值＝单只基金份数×收盘时单位净值。**报告内容较多填写不下时，请另附页填写。**

5. 配偶、共同生活的子女投资非上市公司、企业的情况

有变化□ 无变化□

称谓	姓 名	企业名称	经营范围	注册资本（资金）（万元）	出资金额（万元）	出资比例（%）

说明："配偶、共同生活的子女投资非上市公司、企业的情况"，应填写投资非上市公司企业的名称、经营范围、注册资本（资金）、出资金额及出资比例等内容。

无此类情况的，在表格内任意空白处写"无"。首次填报时，无须在表格右上方"有变化"和"无变化"后□内划"√"。再次填报时，需在表格右上方"有变化"或"无变化"后□内划"√"，并在表格内填写变化情况。

6. 配偶、共同生活的子女注册个体工商户、个人独资企业或者合伙企业的情况

有变化□ 无变化□

称谓	姓名	营业单位名称	经营范围	营业单位类型	资金数额（万元）	个人出资额（万元）	出资比例（%）
				个体工商户 □ 个人独资企业 □ 合伙企业 □ 农民专业合作社□			
				个体工商户 □ 个人独资企业 □ 合伙企业 □ 农民专业合作社□			
				个体工商户 □ 个人独资企业 □ 合伙企业 □ 农民专业合作社□			

说明："配偶、共同生活的子女注册个体工商户、个人独资企业或者合伙企业的情况"，应填写营业单位名称、经营范围、营业单位类型、资金数额、个人出资额及出资比例等内容。

无此类情况的，在表格内任意空白处写"无"。首次填报时，无须在表格右上方"有变化"和"无变化"后□内划"√"。再次填报时，需在表格右上方"有变化"或"无变化"后□内划"√"，并在表格内填写变化情况。

个人认为需要报告的其他事项

参考文献

[1] 美国白宫总统科技咨询委员会．大数据与隐私：基于技术角度的分析［A］. 2015.

[2] 王利明. 公众人物人格权的限制和保护［J］. 中州学刊，2005（2）.

[3] 楼恩满. 论公共官员隐私权的限制与保护［J］. 经济与社会发展，2007（8）.

[4] 林喆. 当代中国官员财产申报制度建立的难点及对策［J］. 中国党政干部论坛，2009（9）.

[5] 章舜钦. 论公民监督权与构建和谐社会［J］. 岭南学刊，2009（1）.

[6] 吴建华，班生. 当前我国网络舆论监督存在的问题和解决路径［J］. 南京政治学院学报，2009（5）.

[7] 吉亚娟. 完善网络监督的几点思考［J］. 中共山西省委党校学报，2009（10）.

[8] 周可达. 网络舆论监督及其规范［J］. 学术论坛，2009（7）.

[9] 吕静锋. 从权力监督走向权利监督——网络空间下的民主监督刍议［J］. 深圳大学学报（人文社会科学版），2010（9）.

[10] 舒小庆. 论公民网络监督权的法律规制［J］. 江西师范大学学报（哲学社会科学版），2010（12）.

[11] 屠振宇. 财产申报制度中的隐私权保护［J］. 法商研究，2011（1）.

[12] 胡晓彤，胡寒，鄢运国，朱志恒. 互联网上公民监督权行使状况的调查与思考［J］. 法制与社会，2011（1）.

[13] 杨帆. 公众人物隐私权限制与保护的法理分析与立法完善 [J]. 法学杂志，2011 (3).

[14] 郭哲，王琼. 新闻侵权审判的法理思考 [J]. 湖南大学学报 (社会科学版)，2011 (3).

[15] 李乾宝. 网络监督的法律保护 [J]. 广西社会科学，2011 (4).

[16] 张今杰. 论网络技术的发展与公民隐私权的保护 [J]. 湖南工业大学学报，2012 (2).

[17] 于建华，王风云. 公民隐私权与媒体类网络公司的公信力 [J]. 网络传播，2012 (3).

[18] 谢惠加. 技术措施保护的隐私权限制 [J]. 知识产权，2012 (3).

[19] 李艳. 电子证据收集措施与公民隐私权的保护探究 [J]. 社科纵横，2012 (3).

[20] 江俞蓉，张天明. 大数据时代情报学面临的挑战和机遇 [J]. 现代情报，2013 (8).

[21] 倪东辉，程淑琴. 论网络时代公民隐私权保护 [J]. 华东经济管理，2013 (2).

[22] 倪东辉. 论网络时代国家公职人员信息公开与隐私权保护的平衡 [J]. 淮南师范学院学报，2013 (11).

[23] 倪东辉，程淑琴. 论网络时代国家公职人员隐私权与信息公开 [J]. 德州学院学报，2013 (5).

[24] 贺莉，刘张立. 国家公职人员考核体系的创新路径与特征——基于文本分析的多案例研究 [J]. 行政论坛，2014 (4).

[25] 徐健，吴长春. 国家公职人员政德该如何考核 [J]. 人民论坛，2014 (12).

[26] 程淑琴，倪东辉. 基于大数据的公务员考核评价体系研究 [J]. 滁州学院学报，2015 (8).

[27] 刘雅辉，张铁赢，靳小龙，程学旗. 大数据时代的个人隐私保护 [J]. 计算机研究与发展，2015 (1).

[28] 孟小峰，张啸剑. 大数据隐私管理 [J]. 计算机研究与发展，2015 (2).

[29] 涂怀莹. 法学绪论——现代法学十二讲 [M]. 北京：法律出版社，1985.

[30] 梁国庆. 中外反腐败实用全书 [M]. 北京：新华出版社，1994.

[31] 彭万林. 民法学 [M]. 北京：中国政法大学出版社，1994.

[32] 宋克明. 英美新闻法制与管理 [M]. 北京：中国民主法制出版社，1999.

[33] 张新宝. 隐私权的法律保护 [M]. 北京：群众出版社，1997.

[34] 郭卫华. 新闻侵权热点问题研究 [M]. 北京：人民法院出版社，2000.

[35] [德] 奥托·迈耶，刘飞译. 德国行政法 [M]. 北京：商务印书馆，2002.

[36] 侯健. 舆论监督与名誉权问题研究 [M]. 北京：北京大学出版社，2002.

[37] 苏成雪. 传媒与公民知情权 [M]. 北京：新华出版社，2005.

[38] 王四新. 网络空间的表达自由 [M]. 北京：社会科学文献出版社，2006.

[39] 张千帆. 宪法学导论 [M]. 北京：法律出版社，2008.

[40] 石路. 政府公共决策与公民参与 [M]. 北京：社会科学文献出版社，2009.

[41] 周婷婷. 论公民网络监督权的规范化行使 [D]. 四川师范大学硕士学位论文，2010.

[42] 朱正保. 论国家公职人员财产申报制度的法理 [D]. 安徽大学硕士学位论文，2011.

[43] 耿海洋. 新闻舆论监督与国家公职人员名誉权冲突的 [D]. 重庆大学硕士学位论文，2012.

[44] 邹娜. 政府官员隐私权与公民网络监督权的冲突与平衡 [D].

广西大学硕士学位论文，2013.

[45] 肖潘. 微博反腐中的公民表达权与官员隐私利益权衡问题研究 [D]. 南京大学硕士学位论文，2013.

[46] 朱毅. 公共官员隐私权限制问题研究 [D]. 重庆大学硕士学位论文，2013.

[47] 梁光勇. 隐私的限制与保护 [D]. 山东大学博士学位论文，2013.

[48] 徐瑶. 我国官员信息公开范围研究 [D]. 苏州大学硕士学位论文，2014.

[49] 陈新. 职能转变视角下的政府绩效评估研究 [D]. 南开大学博士学位论文，2014.

后记

记得在2005年，我纠结于继续专注于教学行政工作，还是转向教学科研中。如果继续一如既往地扎实干好行政工作，个人能否获得晋升是自己难以把握的。相比之下教学科研是自己能够努力前行并取得成果的方向，一番思考后决定在科研上动动脑筋。有一天，我的手机收到一条短信，一眼看去就是一条拙劣的诈骗信息，“你的事情我已经全部掌握，你想好后给我农行账号里转点钱，转多转少你看着办！账户：＊＊＊＊＊＊＊＊＊＊”。突然间，我好像发现了一盏明灯，要知道那些骗子往往是极具创新精神的，能够紧跟时代的发展，否则他们就无人能骗了。也许，这些骗子围绕隐私方面施展的小伎俩就是我今后的研究方向。

一晃十年过去了，事实证明，骗子引出的问题确实成为这个社会反复涤荡的幽灵。在十几年前，每个人都可能有不愿意说出去的事情，就像一个广告词中所说“做一个有故事的人”，街头巷尾，七嫂八婶常常传说一些故事，津津乐道，也不见故事中的主角就此“下班”。但是现在有了互联网，一不小心，那些原本在民间流传的小段子就可以让主角瞬间变成“一个有故事的人”。众所周知的杨达才、房叔房姐等都是这个时代的典型代表。过去一个人只要有心思，嘴巴紧一点，就可以让真相永远变成秘密，现在不行了，这个时代，监督无处不在，到处都有雪亮的眼睛让你无所遁形，长期农耕文明形成的社会氛围已经彻底颠覆了。于是乎，隐私问题成为当今中国人需要重新审视的问题。对于普通人是如此，对于官员等国家公职人员来说，隐私就是难以平复的噩梦了。

在网络时代，由于我国特殊的社会文化背景，加上缺乏适用的法律和制度，公职人员隐私权成为一个有争议的话题。基于其公职身份，国家公职人员隐私权往往又与公众知政权、舆论监督权之间产生矛盾，这种矛盾日益呈现出直接化、激烈化和复杂化的发展态势。本书采取层层递进的研究方法，从人类社会的发展开始导入，结合法学、传播学、伦理学和信息技术不同角度进行分析，界定国家公职人员隐私权的特殊性，依次论证限制国家公职人员隐私权的依据、内容、原则、意义，寻求合理限制与必要保护两者之间的利益平衡，探讨了互联网的公共使用、公民知情权与反腐问政过程中所涉及的隐私之间的矛盾冲突，理性科学地解读新媒体、新技术隐私权范畴，兼顾保护国家公职人员属于私人领域的隐私和涉及公共利益的信息公开，防止矫枉过正伤害国家公职人员正当权利，造成国家公职人员阶层因互联网弱势心理而导致的“避事现象”，最终使整个国家、国民的利益受损。在本书中提出的以公共利益优先为原则，明确国家公职人员私人领域与涉及公共事务的界限，坚持公民监督权行使的合法性原则、适度原则、利益平衡原则，从伦理和法律的角度合理协调权利冲突，在这种平衡的观点下开展的研究更容易探索出清晰的解决路径。

本书不拘泥于一般性的研究，还从新技术应用的角度探讨管理创新突破的可能。提出在大数据技术的助力下，建立国家公职人员考核和约束机制，通过建立职级、岗位细化的标准参考体系，通过个体数据比较对照，将考核从原来的主观分析为主转变为智能化、全景式、定量化为主的智能分析，突破了原有模式快速形成考核结果和实现实时评价，尝试解决国家公职人员信息监测、多因素交叉验证、分类分层管理、群体和个人预警、动态监测等传统研究方法不能解决的问题。

对于相关问题的思考促成了我们团队近年来不断的研究推进，现已申报2016年安徽省哲学社会科学规划后期资助项目“国家公职人员信息公开与隐私保护”和“安徽基层公务员绩效评价与激励研究”，截至图书出版之际，两个项目仍未公布结果，因为书中涉及的法律、技术等相关内容有一定的时间限制，不得不先行出版，将自己的研究成果融汇在一起进行全面梳理，对这个问题做一个总结。相关的研究和图书出版得到安徽行政学院领导和科研处的大力支持和资助，在有关专家的指导下，各项活动顺利展开，在此表示感谢！本书在撰写过程中，参阅了大量国内外学者的科研成果及实践成果，结合作者多年的研究，融入了一些我认为的中国哲学思想和文化元素，希望能够梳理出一些有益的思想，为国家和社会的进步做出绵薄之力，由于时间仓促，理论水平和实践经验不足等原因，本书难免存在不完善之处，恳请读者批评指正。

倪东辉

2016.11.8